Perspectivas

A2 Sprachtraining
Spanisch

Carmen Mata Manjón

Perspectivas ¡Ya! A2
Sprachtraining Spanisch

Im Auftrag des Verlages erarbeitet von: Carmen Mata Manjón

Beratende Mitwirkung: Silvina Gath

Redaktion: Teresa Palomar

Redaktionelle Mitarbeit: Roxana Carmona Viveros

Projektleitung: Dr. Ulrike Litters

Redaktionsleitung: Murdo MacPhail

Bildredaktion: Nicole S. Abt

Illustrationen: Joaquín González Dorao

Umschlaggestaltung: Klein & Halm Grafikdesign, Berlin

Layout und technische Umsetzung: graphitecture book & edition

www.cornelsen.de

Die Links zu externen Webseiten Dritter, die in diesem Lehrwerk angegeben sind, wurden vor Drucklegung sorgfältig auf ihre Aktualität geprüft. Der Verlag übernimmt keine Gewähr für die Aktualität und den Inhalt dieser Seiten oder solcher, die mit ihnen verlinkt sind.

1. Auflage, 2. Druck 2015

Alle Drucke dieser Auflage sind inhaltlich unverändert und können im Unterricht nebeneinander verwendet werden.

© 2013 Cornelsen Schulverlage GmbH, Berlin

Druck: Mohn Media Mohndruck, Gütersloh

ISBN 978-3-464-20493-1

PEFC zertifiziert
Dieses Produkt stammt aus nachhaltig bewirtschafteten Wäldern und kontrollierten Quellen.
www.pefc.de

Das Wichtigste auf einen Blick

Perspectivas ¡Ya! ist ein modernes kommunikatives Lehrwerk für die Erwachsenenbildung. Es führt in drei Bänden zum *Europäischen Sprachenzertifikat Spanisch*. Der vorliegende Band 2 führt zur Niveaustufe A2 des *Gemeinsamen europäischen Referenzrahmens*.

Das Sprachtraining

Für alle, die noch intensiver üben wollen, bietet das Sprachtraining weiterführende Übungen, die selbstständig zu Hause oder im Kurs bearbeitet werden können. Das Sprachtraining Perspectivas ¡Ya! A2 enthält 15 Unidades sowie die Lösungen.

Jede Unidad ist gegliedert in:

– Vocabulario

– Gramática

– Comunicación y mediación und

– Lectura y redacción

Je nach Bedarf können Schwerpunkte gesetzt und ein jeweils passendes „Lernmenü" zusammengestellt werden.

Kleine ¡Recuerda!- und Aprender mejor-Kästen mit Hinweisen zu grammatikalischen Besonderheiten bieten Hilfen zur Bewältigung der Übungen.

Für die Arbeit mit Perspectivas ¡Ya! gibt es ein Zusatzangebot inklusive Tests, interaktiver Lerneraktivitäten und Lernen mit Musik unter **www.cornelsen.de/perspectivas-ya**

Viel Spaß und Erfolg mit Perspectivas ¡Ya! wünschen Ihnen die Autorin und Ihr Cornelsen Team!

Inhaltsverzeichnis

EINHEITEN

Unidad 1   ¿Tienes algún hobby?

Vocabulario

1 a ¿Qué hacen estas personas los fines de semana?

▶ 3

1 | María

2 | Luis

3 | Merce y Paula

4 | Andrea

5 | Antonio

6 | Claudia y Nicolás

1 b ¿Qué actividades del ejercicio anterior hace o no hace usted los fines de semana?

▶ 3

Ejemplo: Yo los fines de semana *no voy al campo / también voy al campo*.

2 Complete el mapa mental con actividades de tiempo libre.

▶ 4

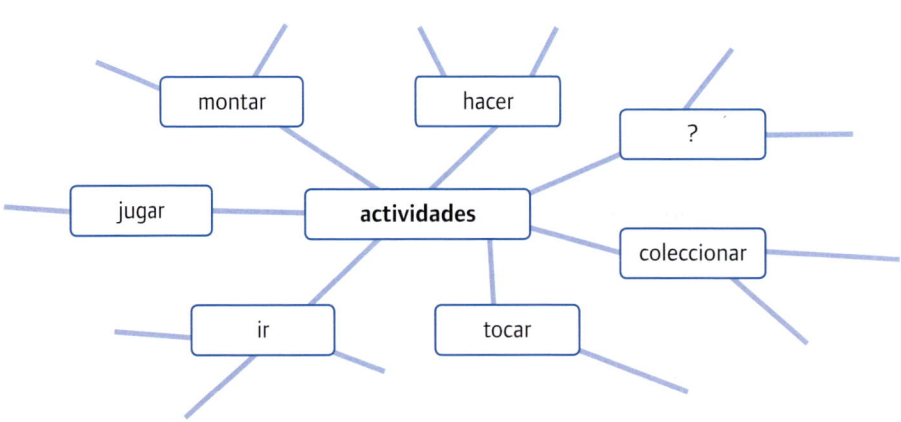

montar · hacer · ? · jugar · **actividades** · coleccionar · ir · tocar

3 Traduzca.

▶ 9

1. Ich vermute, dass der große Mann der Skilehrer ist. _____

2. Einerseits …, andererseits … _____

3. Ich glaube, dass Pedro Cavadeckel sammelt. _____

4. Ich bin einverstanden. _____

5. Am meisten interessiere ich mich für Politik. _____

6. Für mich ist meine Familie das Wichtigste. _____

Gramática

4 Transforme las frases.

▶ 12

1. La montaña es muy alta. *Es altísima.* _____

2. El café está muy rico. *Está* _____

3. El parque es muy grande. _____

4. París es una ciudad muy famosa. _____

5. El abrigo es muy caro. _____

6. Bucear es muy difícil. _____

5 ¿Qué es lo que más les gusta hacer a las siguientes personas?

▶ 8

1. los ordenadores / Pablo *Lo que más le gusta a Pablo son los ordenadores.* _____

2. hacer submarinismo / Nuria y Fernando _____

3. bailar / Merce y yo _____

4. pintar / tú _____

5. hacer taichí / Sonia y tú _____

6. tocar la guitarra / yo _____

6 Traduzca utilizando los verbos propuestos.

▶ 13

| interesar | encantar algo a alguien | gustar (mucho) | parecerle (bien/mal) |

1. Mich interessiert es, mit dir zu sprechen. *A mí me interesa hablar contigo.* _____

2. Antonio gefällt es sehr, ins Theater zu gehen. _____

3. Deine Eltern spielen gerne Schach. _____

4. Sie sind gerne mit der Familie zusammen. _____

5. Ich finde Pedro sehr nett. _____

6. Meine Schwester surft gerne im Internet. _____

7 Mire el dibujo. Pregunte y responda si estos objetos están en el lugar indicado.

▶ 5

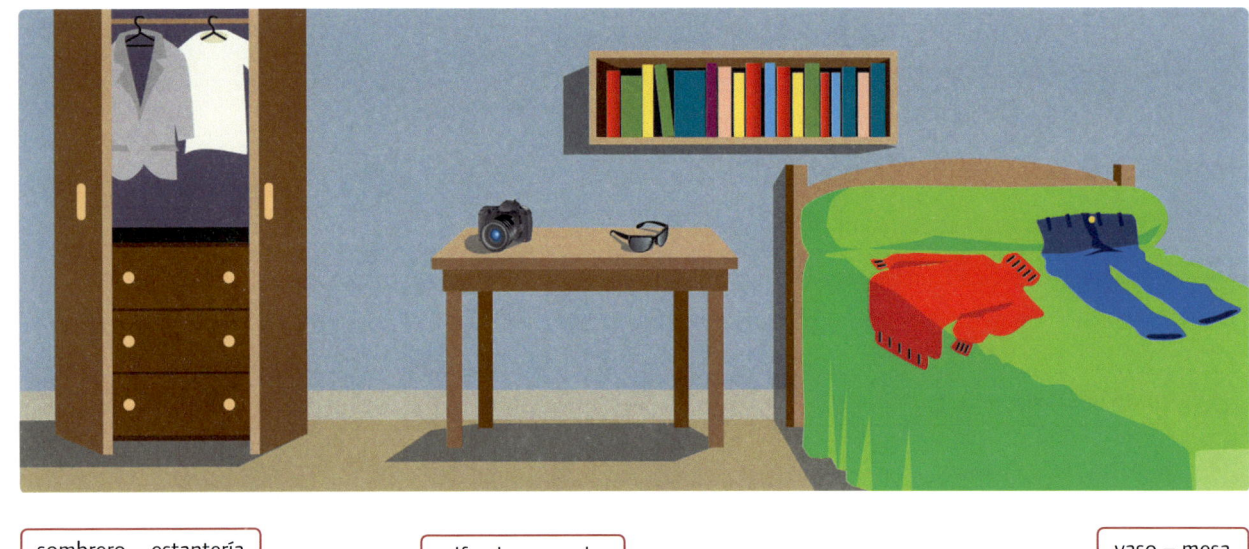

| sombrero – estantería | alfombra – suelo | vaso – mesa |

| gafas de sol – mesa | cámara – mesa | pantalón – armario |

Ejemplo: + *¿Hay algún sombrero en la estantería?*   – *No, no hay ninguno. / Sí, hay uno.*

8 Relacione.

▶ 5

1. ¿Tienes una revista española?
2. ¿Qué vas a hacer el sábado por la tarde?
3. ¿Hablaste ayer con **alguien** de la empresa?
4. ¿Vas al gimnasio a menudo?
5. ¿Tomas **algo**?
6. ¿Coleccionas **algo**?
7. ¿Tienen **algún libro para aprender taichí**?
8. ¿Necesitas **algo** más para pintar?

a) No, no tenemos **ninguno**.
b) No, no tomo **nada**.
c) No, no hablé con **nadie**.
d) No, no colecciono **nada**.
e) No, voy poco, sólo **algunos** fines de semana.
f) No, no necesito **nada** más.
g) No voy a hacer **nada** especial.
h) No, no tengo **ninguna**.

Comunicación y mediación

9 Haga una entrevista a un compañero de trabajo.

▶ 6

1 Fragen Sie, ob er viele Hobbys hat.	2 Ihr Arbeitskollege bejaht die Frage. Er hat mehrere.
3 Fragen Sie, welches der Hobbys er am liebsten mag.	4 Er antwortet, dass er am liebsten malt.
5 Sie fragen, ob Sie mal seine Bilder sehen dürfen.	6 Er bejaht und sagt, dass er Ihnen heute nach der Arbeit einige Bilder zeigen kann.
7 Sie bedauern es, aber heute joggen Sie mit einem Freund.	8 Er fragt, wie oft Sie in der Woche laufen.
9 Sie antworten zwei bis drei Mal die Woche. Sie fragen ihn, ob er auch nächste Woche mit Ihnen mitlaufen möchte.	10 Er entschuldigt sich. Er geht nicht so gerne laufen.

Lectura y redacción

10 Lea el artículo y responda.

Se inauguró en Renedo de Esgueva, Valladolid, «El Valle de los seis sentidos[1]»

En una finca de unos $18.000\,m^2$, 400 niños entre 3 y 16 años pueden aprender jugando con 60 juegos científicos. En el parque hay diferentes zonas que quieren desarrollar los sentidos: los cinco tradicionales y el sexto, la imaginación de los niños.

El parque quiere que niños con o sin discapacidad[2] puedan compartir los juegos. Así, por ejemplo, el «Puente de Cuerdas»[3], un puente de 18 metros unido por dos pirámides de más de 8 metros (de altura). Parece un puente normal, pero es el único que también es para personas en silla de ruedas.[4]

El juego más novedoso[5] es el Columpio asociado.[6] Un columpio se mueve y con la energía mueve también al otro columpio. En el «Palacio de los sentidos» hay piedras de la zona, y los niños pueden balancearse[7] sobre una de ellas, o pueden mover una de varias toneladas con una sola mano.

Estos y muchos otros juegos novedosos esperan a grandes y niños en «El Valle de los seis sentidos» durante todo el año. ¡Venga a visitarnos!

HORARIO
De octubre a marzo: de 11:00 h a 18:00 h
De abril a septiembre: de 11:00 h a 21:00 h

PRECIOS
Entrada[8] única: 3 euros
Grupos (+ 15 personas): 2 euros
Menores de 3 años: entrada gratuita

---

1 **el sentido**: Sinn
2 **la discapacidad**: Behinderung
3 **el puente de cuerdas**: Seilbrücke
4 **la silla de ruedas**: Rollstuhl

5 **novedoso**: neu
6 **el columpío asociado**: zusammenhängende Schaukel
7 **balancearse**: balancieren
8 **la entrada**: Eintritt

Responda

1. ¿Es «El Valle de los seis sentidos» un parque pequeño? _____

2. ¿Para qué público es? _____

3. ¿Cuándo abre? _____

4. ¿Cuánto cuesta la entrada al parque? _____

5. ¿Por qué se llama «El Valle de los seis sentidos»? _____

11 Informe. ¿Hay parques parecidos en su país? ¿Ha estado alguna vez?

12 Explique. ¿Qué hacen los alemanes en su tiempo libre?

Unidad 2 Antes era diferente

Vocabulario

1 a ¿Qué actividades realiza en casa y cuáles en su tiempo libre?

▶ 1

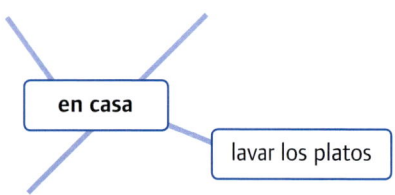

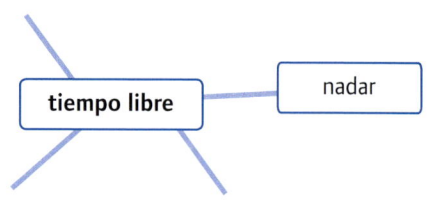

1 b Diga qué cosas del ejercicio anterior eran antes diferentes.

▶ 7

Ejemplo: *Antes no había lavavajillas; ahora, sí.*

2 Combine.

▶ 5

1. poner
2. jugar con
3. lavar
4. pasar por
5. llevarse
6. pasar
7. limpiar
8. hacer

a) los platos
b) muy bien
c) Felipe
d) las ventanas
e) Madrid
f) la mesa
g) la comida
h) la aspiradora

3 Busque parejas ordenando el dominó.

▶ 11

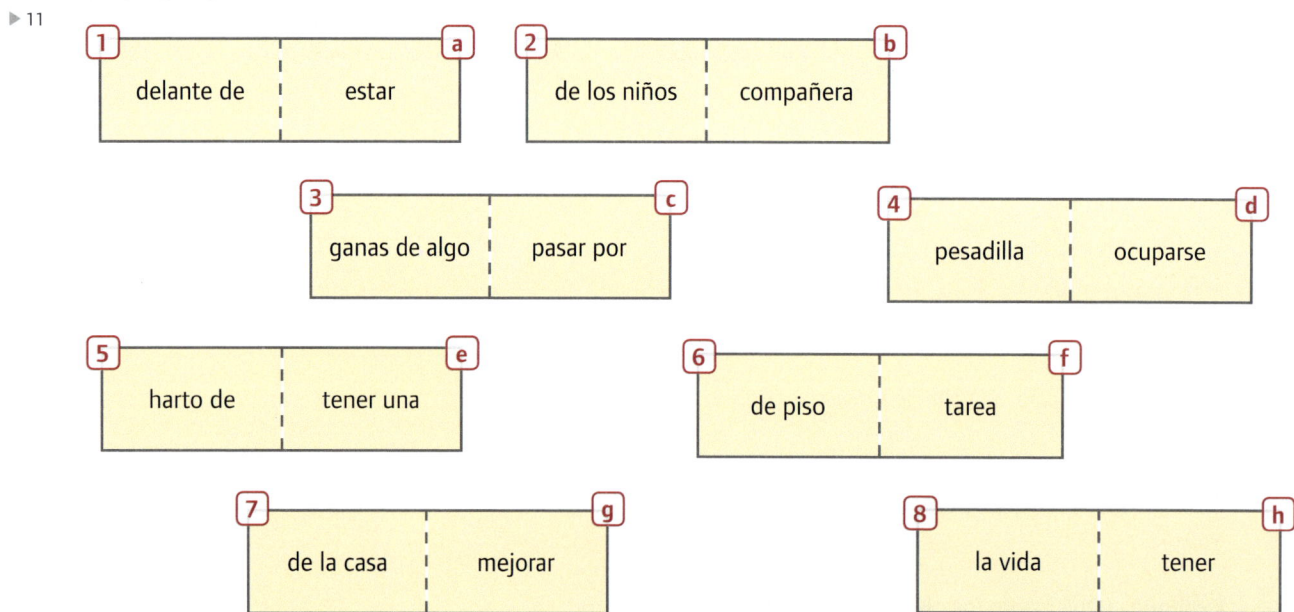

1	delante de ┊ estar	a
2	de los niños ┊ compañera	b
3	ganas de algo ┊ pasar por	c
4	pesadilla ┊ ocuparse	d
5	harto de ┊ tener una	e
6	de piso ┊ tarea	f
7	de la casa ┊ mejorar	g
8	la vida ┊ tener	h

Gramática

4 **Conjugue los verbos en imperfecto en la persona indicada.**

▶ 6

1. ir / María _____

2. tener / ellos _____

3. ser / tú _____

4. ver / vosotros _____

5. dormir / tú y yo _____

6. salir / yo _____

7. hacer / ella _____

8. decir / ustedes _____

9. poner / nosotros _____

10. leer / usted _____

5 **¿Qué hacía Sara antes?**

▶ 6

1. ver las noticias _____

2. acostarse a las 19 h _____

3. ir a la playa en verano _____

4. regar las plantas todos los días _____

5. ocuparse de los niños _____

6 **¿Cómo era antes? Escriba en su cuaderno.**

▶ 8

7 **Conjugue en indefinido.**

▶ 14

infinitivo	*creer*			
significado		*lesen*		
yo			*dormí*	
tú				*pediste*
él/ella/usted					*sintió*
nosotros/-as				
vosotros/-as				
ellos/-as / ustedes				

8 **Elija indefinido o imperfecto.**

Cuando **era** / **fui** joven todo **era** / **fue** diferente. No **había** / **hubo** tantas casas. Entonces sólo **había** / **hubo** árboles, flores… Y Pedro **tenía** / **tuvo** vacas. **Venía** / **Vino** todos los días a verlas y **tomábamos** / **tomamos** café juntos. Pero, de pronto, **empezaban** / **empezaron** a construír. **Construían** / **Construyeron** tantas casas que ahora ya no hay árboles. Es muy triste para mí. Bueno, aunque ahora tengo muchos vecinos nuevos. Antes **estaba** / **estuve** más sola. Ahora hablo más con todos. Mi vecina Clara es muy activa. Ayer **se levantaba** / **se levantó** a las 6 h y **corría** / **corrió** 20 kilómetros; después se **duchaba** / **duchó** y se fue al trabajo. **Llegaba** / **Llegó** a casa a las 22 h. Antes **hacíamos** / **hicimos** todo con más calma.

9a **Complete. ¿Qué pasó el domingo?**

▶ 14

Un domingo especial

El domingo _____ (levantarse / yo) pronto.

_____ (ducharse) rápido, _____ (desayunar) una tostada y un café y _____ (salir) a la calle. _____ (llamar) a un taxi y _____ (irse) a la estación de trenes. _____ (comprar) el periódico para leer en el tren y _____ (dirigirse) hacia el andén. De pronto la _____ (ver). Ella _____ (acercarse) a mí y me _____ (decir): ¡Hola, Pablo!

La _____ (mirar) durante unos minutos. ¡Mi gran amor de la escuela! ¡Cuántos años sin verla! ¡Qué alegría!

(Nosotros) _____ (decidir) pasar el día juntos en las montañas. _____ (ser) un día maravilloso. _____ (pasear) mucho y _____ (comer) en un restaurante muy romántico. _____ (volver) a casa en el último tren. Después de cuatro meses, _____ (decidir / nosotros) vivir juntos. ¡Y todo gracias a una casualidad!

_____ (Ser) un domingo especial que _____ (cambiar) nuestras vidas.

9b **Complete.**

▶ 11

Un domingo especial

El domingo me levanté pronto **porque** _____ (querer) ir a las montañas. Me duché rápido, desayuné una tostada y un café y salí a la calle. _____ (hacer) **un día de sol maravilloso.** _____ (ser) **uno de esos días de otoño que me gustan tanto. Llamé** un taxi y y me fui a la estación **porque** _____ (querer) **coger el tren de las 9. Como** _____ (ser) **pronto, no** _____ (haber) **nadie en**

la estación. Compré el periódico para leer en el tren y me dirigí hacia el andén. _____ (ser) **el andén 4**.

De pronto la vi. _____ (ser) **alta y un poco fuerte**. _____ (tener) **el pelo negro y los**

ojos azules, un contraste mágico. No _____ (poder) **creerlo**. Ella se acercó a mí y me dijo: ¡Hola,

Pablo! Yo no podía creerlo. ¡ _____ (conocer) **mi nombre! ¡** _____ (ser) **increíble!** La

miré durante unos minutos. **¡No** _____ (ser) **posible! ¡** _____ (ser) **ella!** ¡Mi gran amor de

la escuela! ¡Cuántos años sin verla! ¡ _____ (ser) **ella!**

Decidimos pasar el día juntos en las montañas. _____ (ser) un día maravilloso. Paseamos mucho y

comimos en un restaurante muy romántico **que** _____ (estar) **cerca de un lago**. Volvimos a casa en el

último tren.

Después de cuatro meses decidimos vivir juntos. ¡Y todo gracias a una casualidad!

Fue un domingo especial que cambió nuestras vidas.

9 c Subraye en rojo los verbos en indefinido y en verde los verbos en imperfecto.

1. ¿Qué tiempo se ha utilizado para expresar lo que pasó / lo que hicieron las personas?

_____

2. ¿Qué tiempo se ha utilizado para expresar cómo era el lugar, la situación y la persona?

_____

Comunicación y mediación

10 Haga preguntas.

▶ 5

1. _Cuando tú eras niña/niño, ¿qué hacías los domingos por la tarde?_____ Los domingos por la tarde iba a pasear con

mis padres.

2. _____ Vivía en Austria.

3. _____ Antes jugábamos en la calle.

4. _____ Me encantaba jugar al fútbol.

5. _____ Pasaba el verano en la playa con mis

abuelos.

6. _____ Mi juguete preferido era una muñeca que se

llamaba Barriguitas.

7. _____ No, no había cine.

8. _____ Sí, mucho. Mi profesora era muy simpática.

11 Haga frases con (no ..) ni… ni.

▸5

Ejemplo: *Tú– ir al cine –al teatro. Tú no vas ni al cine ni al teatro / Tú ni vas ni al cine ni al teatro.*

1. Mimi – comer – carne / pescado _____

2. Antonio y Juan – hablar – inglés / francés _____

3. A Quique – gustar – playa / mar _____

4. Nosotros – viajar – avión / barco _____

5. Luisa – conocer – París / Londres _____

6. La ahijada de David – saber – leer / escribir _____

Lectura y redacción

12 Lea el texto y responda a las preguntas.

Juan Evo Morales se convirtió en diciembre de 2005 en el primer presidente indígena de Bolivia. Eso sorprendió a muchos, pues el 62 % de los habitantes de Bolivia son indígenas, aunque hasta ahora nadie había llegado a ser presidente.

Evo nació el 26 de octubre del año 1959 en la comunidad de Isallavi, en el Departamento de Oruro en Bolivia. Sus padres, Dionisio Morales Choque y María Mamani, eran campesinos y tuvieron siete hijos, de los cuales viven sólo tres.

Su familia era pobre, y producía papas (= patatas) y criaba llamas[1]. Mientras Evo cuidaba de las llamas, jugaba al fútbol, una gran afición de Evo.

La casa de su niñez la describe Evo así: «En Isallavi vivíamos en una casita de adobe[2] y techo de paja[3]. Era pequeña: no más de tres por cuatro metros. Nos servía como dormitorio, cocina, comedor y prácticamente de todo; al lado teníamos el corral[4] para nuestros animales. Vivíamos en la pobreza como todos.»

A los 13 años, en 1972, Evo se trasladó a Oruro, para seguir sus estudios. Mientras estudiaba trabajó entre otras cosas como panadero. También se ganó la vida en una banda de música donde tocaba la trompeta.

Desde 2006 Evo Morales es Presidente de Bolivia. Y así pasó de ser un pobre campesino a presidente de Bolivia.

1 **criar llamas:** Lamas züchten
2 **la casa de adobe:** Lehmziegel

3 **el techo de paja:** Strohdach
4 **el corral:** Hof, Stall, Gatter

1. ¿De qué país es presidente Evo Morales? _____

2. ¿Dónde nació? _____

3. ¿Cuál era la profesión de sus padres? _____

4. ¿Cómo era la casita donde vivían cuando era pequeño? _____

5. ¿Qué deporte practicaba Evo cuando era joven? _____

13 ¿Conoce a alguna persona que antes era tan pobre como Evo y ahora es famosa? Cuente su historia.

Unidad 3   ¡Vamos a Centroamérica!

Vocabulario

1 Una con una flecha.

▶ 1

1. los motivos   a) laborales
2. el programa de   b) ecológico
3. el proyecto   c) ciéntífica
4. la búsqueda   d) social
5. la expedición   e) de aventuras
6. el proyecto   f) intercambio

2 Complete la tabla.

▶ 12

sustantivo	verbo		sustantivo	verbo
1. la preparación	_preparar_	4. la explicación		
2. el encuentro		5. la construción		
3. el cambio		6. la búsqueda		

3 ¿Con qué verbos se puede combinar?

▶ 12

> nervioso   cansado   en burro   de trabajar   en bici   de trabajo   la ropa   de piso   un hijo   música
> ganas de   en contacto   todo recto   un paseo   un beso   a hacer

terminar

tener

cambiar

ponerse

montar

dar

seguir

poner

4 Traduzca.

▶ 14

1. jedes Mal _____

2. von früh bis spät _____

3. gut tun _____

4. zum Glück _____

5. plötzlich _____

6. mehr als _____

Gramática

5 Complete con desde o desde hace.

▶ 4

1. La chica está en Guatemala _____ el viernes.

2. El chico está en Perú _____ un mes.

3. No estoy en México _____ diez años.

4. No he visto a Miguel _____ dos meses.

5. Estoy en Panamá _____ una semana.

6. Estoy aquí _____ el lunes.

6 Busque las formas de indefinido.

▶ 14

Wfhizojzssupimosnlaarvieronisuempecéiugllleguéluehfquiselze

1. _____   4. _____

2. _____   5. _____

3. _____   6. _____

7 En este papel algunas letras no se pueden leer. ¿Cuál de estas letras c/z/gu/g faltan?

▶ 10

comen☐é

lle☐é

organi☐aron

pa☐amos

ju☐é

comen☐aste

lle☐aron

almor☐é

pa☐é

nave☐é

cru☐ó

empe☐ó

empe☐asteis

8 Pablo le escribe un «emilio» a Ana. Complete con los verbos en indefinido.

▶ 4

> empezar   ser   viajar   cenar   ver   poder   aprender   ir   ver
> vivir   estar   enseñar   gustar   conocer   estar   hablar
> escribir   ser   pasar   tener   aprender

CULTURA

En España en el lenguaje coloquial se usa a menudo el nombre «emilio» para referirse al correo electrónico.

Para:

Asunto:

¡Hola, Ana!

¿Qué tal?

Ayer no (tú) _____ venir al cine ¡Qué pena! La película

_____ fantástica. A todos nos _____

mucho. Después del cine (nosotros)

_____ al centro y

_____ tomando algo. Nos lo

_____ genial. Y adivina a quién

_____ ¡¡¡A tu hermano Quique!!! A

ver si quedamos otro día los tres.

¡Oye! ¿Sabes quién me _____ el

otro día? ¡¡¡No te lo vas a creer!!! ¡¡¡Carlos, desde Costa Rica!!! Está trabajando

en un campamento de voluntario. Me cuenta que al principio _____ que hacer un curso de

preparación en San José, la capital, donde le _____ cómo trabajar en un parque ecológico.

_____ entre otras cosas a buscar huevos de tortuga. ¡¡¡Imagínate!!!

Después del curso _____ al campamento que está en la selva, cerca de la costa del Caribe, y allí

_____ su trabajo. Durante este tiempo, _____ en una cabaña con otros

voluntarios. ¡Qué aventura! Dice que en este tiempo _____ mucho y que _____ a

gente muy interesante. _____ sin duda una experiencia especial para él. Después del

campamento, _____ en Bocas de Toro con unos amigos. Allí _____ delfines y

_____ en un restaurante flotante. Dice que _____ estupendo. ¿Qué te parece?

¿Vamos nosotros el año que viene a Costa Rica?

Bueno, a ver si nos vemos pronto.

Un abrazo,

Pablo

9 **Haga frases.**

▶ 12

1. María – la semana pasada – le dar – a Juan una carta de sus padres.

_____

2. Nosotras – anoche – ponerse – a escribir un cuento para niños.

_____

3. Tino y Pilar – el año pasado – montar en burro por primera vez.

_____

4. ¿Juan y tú – ir – el verano pasado – a Cuba?

_____

5. Maite y Luis – decir que iban – a hacer ecoturismo.

_____

6. El ahijado de Quique – no poder – venir a la reunión.

_____

7. Tú – no estar – ayer – en la reunión de la ONG.

_____

8. Yo – llegar tarde – a la reunión.

_____

9. ¿(Vosotros) – ver ayer – la película sobre vacaciones activas?

_____

Comunicación y mediación

10 **¿Cómo se dice en español?**

▶ 13

Sie teilen mit …

1. … dass Sie letzten Monat beruflich nach Argentinien gefahren sind.

_____

2. … dass sie 2010 in Tikal gewesen sind.

_____

3. … dass Sie im Sommer von einer Qualle gestochen wurden und dass es schrecklich war.

_____

4. … dass Sie im letzten Urlaub einen Papagei gesehen haben.

_____

5. … dass Sie ein Patenkind in Guatemala haben.

_____

6. … dass Sie in Costa Rica viel Spanisch gesprochen und gelernt haben.

_____

7. … dass Sie in einer Hütte zehn Meter vom Strand entfernt übernachtet haben.

_____

8. … dass es eine unvergessliche Erfahrung war.

_____

11 **Una la respuesta que corresponde.**

▶ 13

1. Ayer estuve en la playa.
2. Me monté en un burro.
3. Vi una de las tortugas más grandes del mundo.
4. Visité Palenque e hice muchas fotos.
5. ¿Qué tal la fiesta?
6. En el campamento encontré huevos de tortuga.

a) ¡Qué suerte! ¿Y cuánto medía?
b) ¡Fue estupenda!
c) ¿Y qué tal? ¿Y no tuviste miedo?
d) ¿Sí? Pues me las tienes que enseñar.
e) ¡Huevos! ¡Qué interesante!
f) ¡Qué bien! Ayer con el calor que hacía …

Lectura y redacción

12 **¿Qué recuerda de Guatemala?**

▶ 16

1. Guatemala significa _____ .

2. En Guatemala hay _____ estaciones.

3. La mitad de la población es de origen _____ .

4. Los productos típicos de Guatemala son _____ .

5. Según la leyenda, el hombre viene del _____ .

6. Con el maíz hacen las famosas _____ .

13 a Lea el texto sobre Costa Rica.

La República de Costa Rica es un país de Centroamérica. Limita al norte con la República de Nicaragua y, al sureste, con la República de Panamá. Tiene más de 4 millones de habitantes y unos 51.000 km². Es unas 7 veces más pequeña que Alemania (357.104,07 km²).

En Costa Rica hay una especial preocupación por el medio ambiente. Por eso, un 25 % de la superficie de Costa Rica está protegida[1]. Entre otras zonas hay en este pequeño país 27 parques naturales y 58 refugios[2].

Gandoca-Manzanillo es un refugio natural de unas 5,303 hectáreas que está en la costa del Caribe. Es una de las zonas más bellas del país.

La arena fina que cubre las playas hace de esta región un paraíso natural. Aquí se pueden practicar muchos deportes acuáticos.

En la reserva se protegen muchas especies de animales, como los cocodrilos. La mejor época para visitar la reserva es en la temporada seca: febrero, junio, septiembre y octubre. De marzo a mayo hay que tener en cuenta que es muy húmeda y hace mucho calor, por lo que puede ser muy desagradable.

· ·

Actividades recomendadas:

- observación del desove[3] de la tortuga baula (de febrero a mayo)
- observación de delfines
- bucear
- caminar por el bosque o por el pueblo
- paseos a caballo o en lancha
- disfrutar del sol, mar y playa

1 **proteger:** schützen 2 **el refugio:** Naturreservoir 3 **el desove:** Laichen, Eiablage

13 b Responda.

1. ¿Qué es Gandoca-Manzanillo? _____

2. ¿En qué país se encuentra? _____

3. ¿Cuál es la mejor época para visitar la reserva? _____

4. ¿Qué animales se pueden observar? _____

5. ¿Qué actividades se pueden realizar? _____

Vocabulario

1 ¿Qué palabras se pueden combinar con los verbos ser y estar?
▶ 4 ¿Qué significan?

> **¡RECUERDA!**
>
> **Ser** o **estar**: cambian el significado de las palabras.

1 guapo/-a
2 listo/-a
3 tonto/-a
4 inteligente
5 nervioso/-a
6 tranquilo/-a
7 de buen humor
8 soltero/-a
9 de Alemania
10 malo/-a
11 relajado/-a
12 contento/-a
13 feliz
14 en Alemania

ser	significado	estar	significado
1. *guapo*	*hübsch sein*	*guapo*	*hübsch aussehen*
2.			
3.			
4.			
5.			
6.			
7.			
8.			
9.			
10.			
11.			
12.			
13.			
14.			

2 a Una con una flecha.
▶ 7

1. no pasa nada
2. para colmo
3. mientras tanto
4. no estar para nadie
5. justo
6. dar/dando vueltas
7. llamar

a) währenddessen
b) obendrein
c) Runden drehen
d) für niemand zu sprechen sein
e) anrufen
f) ausgerechnet, genau, gerecht
g) das macht doch nichts

2 b Complete con las expresiones del ejercicio anterior.

▶ 7

1. – Te _____ (yo) ayer varias veces, pero no cogiste el teléfono.

2. – Lo siento, pero es que he perdido el tren y el próximo salía media hora más tarde.

   + _____ Así he podido leer el periódico.

3. – ¡Susana!

   + ¿Sí? Durante la próxima media hora _____ (yo).

4. Voy a terminar este informe y _____ tú puedes ir preparando ya las cosas para la reunión.

5. _____ hoy no tengo tiempo.

6. – ¡Hoy ha sido un día horrible! Me ha pasado de todo y _____ he perdido las llaves.

7. He estado por lo menos quince minutos _____ hasta que he encontrado un aparcamiento.

3 a Estas son algunas fotos de Marisa con su amigo Mario. Descríbalas.

▶ 4

3 b ¿Cómo se siente Marisa y por qué?

▶ 4

   1. *Marisa está contenta porque ha visto a Mario.* _____

   2. _____

   3. _____

   4. _____

Gramática

4 Sopa de letras. Busque diez participios.

▶ 4

A	L	P	S	V	L	N	G	V	O	M
P	S	U	L	I	E	A	E	S	S	M
F	A	E	S	D	I	C	H	O	C	L
V	I	S	T	O	D	A	A	X	H	A
S	U	T	O	L	O	I	D	O	E	S
L	L	O	M	Q	Z	E	Q	D	C	W
I	O	B	A	T	G	E	H	A	H	E
B	W	U	D	O	R	M	I	D	O	C
I	T	L	O	U	J	F	J	O	K	T

_____

_____

_____

_____

_____

_____

_____

_____

_____

5 Ordene las palabras.

▶ 4

> ¡RECUERDA!
>
> Im Perfekt stehen die Reflexivpronomen immer vor dem konjugierten Verb.

1. Hoy contenta visto a he Natalia muy _____

2. Belén se a ha un tele concurso en presentado la _____

_____

3. Cristina ganado por ha crucero el un Mediterráneo _____

_____

4. nerviosa porque Estoy ha Marina todavía no llegado _____

_____

5. Lanzarote En restaurante hemos en comido un excelente _____

_____

6 Complete con imperfecto o perfecto.

▶ 3

Vacaciones en Tenerife.

Inge: Esta primavera _____ (estar) en Tenerife, ¿verdad?

Asunción: Sí. Y la isla me_____ (encantar). ¡Es preciosa!

Inge: Y ¿_____ (ir) sola?

Asunción: No, con Andrea. Mira, aquí tengo unas fotos. Desde el balcón del hotel _____

(poder / nosotras) ver el mar y el Teide. _____ (ser) increíble.

Inge: ¡Ay, qué romántico! ¿Y _____ (subir) al Teide?

Asunción: Sí, claro. Mira qué paisaje más bonito. Y esto es un hotel.

Inge: Y ¿_____ (pasar / vosotras) la noche allí?

Asunción: No, nosotras _____ (subir) por la mañana y _____ (bajar) por la tarde

en guagua. Así le _____ (llamar) a los autobuses en Tenerife.

Inge: ¿Y qué _____ (hacer) allí?

Asunción: Pues, primero _____ (subir) al Teide, después _____ (ir) a un museo

interesante que _____ (haber) sobre su historia y al final _____ (decidir) hacer

senderismo en Las Cañadas del Teide: cuatro horas.

Inge: ¡Qué bonito!

Asunción: Este es el mercado de Santa Cruz. Allí

_____ (comprar) fruta y otras cosas

típicas como mojo.

Inge: Y esto son los famosos plátanos de Canarias, ¿no? Y

¿no _____ (estar) en la playa?

Asunción: Pues, la verdad, casi nada.

Inge: ¡Ah! ¡Qué pena!

Comunicación y mediación

7 Busque excusas o explicaciones.

▶ 8

1. Ein Arbeitskollege fragt Sie, ob Sie mit ihm ausgehen wollen. Sie finden ihn total langweilig und möchten es nicht.

_____

2. Ein Freund bittet Sie, ihm das Auto auszuleihen. Sie verleihen Ihr Auto nie.

_____

3. Sie wollten heute einen Freund zum Flughafen bringen. Sie sind jetzt aber sehr krank.

_____

4. Ihre Freundin möchte heute einen Liebesfilm im Kino sehen. Ihr bester Freund hat aber Karten für ein super Fußballspiel, was sagen Sie?

5. Ihre Freundin möchte gerne einkaufen gehen, Sie möchten lieber ins Theater.

6. Ein Freund will Sie mit seinem Hund besuchen. Sie haben aber Angst vor Hunden.

8 Elija la forma correcta de ser o estar.

▶ 5

Este verano **he estado** / **he sido** en Tenerife. El hotel **estaba** / **era** cerca de la playa. **Estaba** / **Era** un hotel muy moderno. La arena en la playa **estaba** / **era** negra. El hotel **estaba** / **era** pequeño, pero muy bonito.

Esto **está** / **es** el Teide. **Está** / **Es** un volcán y **está** / **es** en el centro de la isla. **Está** / **Es** la montaña más alta de España. Para los indigenas el Teide **estaba** / **era** un lugar sagrado.

En Orotava **estaban** / **eran** haciendo unos cuadros gigantes. **Estaban** / **Eran** de arena de colores.

Este **está** / **es** el famoso Drago Milenario que tiene más de mil años. ¡**Estaba** / **Es** gigante! **Está** / **Es** en Icod de los Vinos, un pueblo que **está** / **es** en la costa.

Lectura, redacción y mediación

9a Lea el texto.

El Teide, declarado Patrimonio de la Humanidad[1]

El Parque Nacional del Teide (Tenerife) ha sido elegido[2]
Patrimonio Natural de la Humanidad por la UNESCO,
organización de la ONU.

El Parque Nacional del Teide está situado en la isla de
Tenerife, en el archipiélago[3] de Canarias. El parque
tiene unas 18.990 hectáreas, donde se encuentra el
volcán Teide-Pico Viejo, con 3.718 metros de altitud, la
montaña más alta de España.

El cono[4] volcánico del Teide se eleva a 7.500 metros por encima del fondo marino[5], y se cree que
es el tercer volcán más grande del mundo por su tamaño[6].

Su importancia como patrimonio mundial radica en que[7] «es un testimonio[8] vivo de los procesos
geológicos subyacentes[9] a la evolución de las islas oceánicas y, por lo tanto, viene a completar
otros sitios volcánicos ya en la Lista del Patrimonio Mundial», explicó la UNESCO.

Texto adaptado – 24 de octubre de 2007 – Ecos

1 **el Patrimonío de la humanidad**: Weltkulturerbe	4 **el cono**: Kegel	7 **radicar en que**: besteht darin, dass
2 **elegir**: wählen	5 **el fondo marino**: Meeresgrund	8 **el testimonio**: Zeugnis
3 **el archipiélago**: Inselgruppe	6 **el tamaño**: Größe	9 **subyacente**: zu Grunde liegend

9b Corrija las frases si es necesario.

1. El Teide es un museo en Gran Canarias. _____

2. El Teide es la montaña más alta de las Islas Canarias. _____

3. El Teide es el único volcán declarado Patrimonio Natural de la Humanidad. _____

_____

4. El Teide es el volcán más grande del mundo. _____

10 **¿Ha estado alguna vez en una isla? Descríbala.**

_____

_____

_____

_____

Unidad 5 ¿A qué te dedicas?

Vocabulario

1 Busque en la sopa de letras ocho palabras del mundo de los ordenadores.

▶ 18

P	O	R	T	A	T	I	L	M	V
A	H	A	A	R	T	P	O	L	I
N	I	T	B	G	V	D	J	L	L
T	M	O	L	R	E	S	S	T	A
A	P	N	E	S	C	A	N	E	R
L	R	C	T	I	A	T	Z	C	I
L	E	V	A	P	O	J	B	L	V
A	S	V	D	G	K	G	D	A	J
E	O	L	E	C	T	O	R	D	I
A	R	G	H	U	O	L	M	O	P
Z	A	R	D	I	O	J	H	G	D

_____

_____

_____

_____

_____

_____

_____

_____

2 Combine.

▶ 5

1. director   a) personal
2. empleado/-a   b) administrativo/-a
3. jefe de   c) general
4. asistente   d) de dirección
5. responsable   e) en prácticas
6. estudiante   f) de diseño

3 Busque el departamento que corresponde al puesto.

▶ 6

1 | Departamento de Administración y Contabilidad | ingeniera | **a**

2 | Recursos Humanos | empleado administrativo | **b**

3 | Departamento Comercial | directora general | **c**

4 | Departamento de Investigación y Desarrollo | jefe de ventas | **d**

5 | Dirección | jefa de personal | **e**

4 **¿Qué palabra no corresponde?**

▶ 5

1. prácticas – bachillerato – licenciatura
2. el currículum vitae – contrato – idioma materno

3. director – Administración de Empresas – jefe de ventas
4. factura – solicitud de empleo – entrevista

Gramática

5 **Tache la preposición incorrecta.**

▶ 9

Para:

Asunto:

Estimado Sr. Garrido:

Muchas gracias **por** / **para** la información. Llego a Caracas el día 5 **por** / **para** la tarde. La hora exacta se la comunico mañana **por** / **para** teléfono. ¿Ha reservado un hotel **por** / **para** mí? **Por** / **Para** mí es importante no tomar un taxi todos los días. **Por** / **Para** eso, prefiero un hotel en el centro.

Le saluda atentamente,

C. Müller

¡Hola, Ana! Necesitamos la cámara **por** / **para** mañana por la mañana. ¿Puedes pasar **por** / **para** la oficina? ¿**Por** / **Para** cuándo necesitas las fotocopias? Un abrazo. Noemí

6 **Tache lo que no corresponda.**

▶ 13

1. Estoy **muy** / **mucho** nerviosa.

2. La empresa es **mucha** / **muy** grande.

3. El estudiante trabaja **muy** / **mucho**.

4. Ha escrito **muy** / **muchas** cartas a **muchas** / **muchos** empresas **muy** / **mucho** buenas.

5. El hotel es **muy** / **mucho** moderno.

6. Habla **mucho** / **muy** bien inglés.

7. Tiene **mucha** / **mucho** experiencia.

8. En este momento estoy **muy** / **mucho** ocupado.

7 ¡Martes y 13! Complete con el tiempo correcto.

▶ 18

Diana: ¡Hombre, claro! ¡Ayer _____ (ser) martes y trece!

¡Me lo imaginaba! ¡Tantas catástrofes a la vez!

> **CULTURA**
>
> In Spanien und Lateinamerika ist Dienstag der 13. ein Unglückstag.

Elena: Pero, ¿qué te _____ (pasar)?

Diana: Mira, _____ (llegar) tardísimo al trabajo porque el despertador no _____

(sonar). Además, en la calle Bernabé _____ (haber) un accidente y naturalmente un atasco.

_____ (tener) que esperar una hora. Cuando _____ (llegar) a la oficina, lo

primero que _____ (hacer) fue encender el ordenador. Pero el ordenador no

_____ (funcionar). No_____ (saber) qué hacer … ¡Estaba nerviosa!

Elena: ¡Pues, sí! Yo también lo estaría.

Diana: Pero eso no es todo, _____ (llamar) al técnico y no _____ (estar).

_____ (bajar) a la cafetería y después _____ (volver) a llamar al técnico.

Elena: ¿Y?

Diana: Esta vez sí_____ (estar) y _____ (venir) enseguida. Pero, cuando él

_____ (encender) el ordenador, todo _____ (funcionar) de maravilla.

Elena: ¿No me digas?

Diana: Sí. Yo no lo podía creer. Pero bueno, contenta y agradecida, _____ (sentarse) a trabajar. Ya

sabes que hoy por la tarde Juanjo tiene una reunión muy importante y me _____ (preguntar) si le

_____ (poder) ayudar con unos informes. Cuando _____ (terminar), la

impresora no _____ (funcionar). Intenté mandárselos por e-mail, pero no

_____ (poder).

Elena: ¡Pobrecita! ¡Qué día!

Diana: Cuando llegué a casa, _____ (sentarse) en el sofá, _____ (coger) un buen

libro y _____ (olvidarse) de la técnica.

8 **Complete la frase con por o para.**

▶ 9

1. ¿Has llamado _____ teléfono a tu madre _____ darle la buena noticia?

2. Ayer llamó una chica _____ el puesto vacante _____ la recepción.

3. Llamo _____ saber a qué hora es la reunión.

4. La secretaria me ha mandado la información _____ Luis _____ correo.

5. _____ las noches salgo con mis amigos _____ divertirme.

6. Marisa ha terminado el informe _____ el lunes _____ su jefe. Lo ha hecho

   _____ él (*wegen*).

Comunicación y mediación

9 **¿Cómo se dice en alemán? Utilice por o para.**

▶ 12

1. Sie wollen sich bei Ihrem Freund für eine Einladung bedanken.

   _____

2. Sie erzählen, dass Sie durch Paris fahren.

   _____

3. Sie fragen am Flughafen, ob dies der Flug nach Lima ist.

   _____

4. Sie haben sich für 600 Euro einen neuen Computer gekauft.

   _____

5. Sie übergeben ein Geschenk und sagen: „Das ist für dich."

   _____

10 **Hablando del trabajo.**

▶ 7

Was sagen Sie, wenn Sie jemanden …

1. – fragen, was er/sie beruflich macht?

   _____

2. – fragen, ob er/sie in einer großen Firma arbeitet?

   _____

3. – fragen, seit wann er/sie dort arbeitet?

   _____

4. – fragen, ob ihm/ihr die Arbeit gefällt?

   _____

5. – fragen, ob er/sie alleine im Büro arbeitet?

   _____

Lectura y redacción

11 a Lea el siguiente artículo y conteste las preguntas.

Las cien mujeres más poderosas[1] del mundo

La revista Forbes ha publicado una lista de las cien mujeres más poderosas del mundo. También este año ocupa la canciller alemana el primer puesto.

Entre las españolas sólo se encuentra este año la empresaria Rosalía Mera.

Rosalía Mera fundó con el empresario Amancio Ortega, su ex marido, Confecciones Goa, y más tarde, Inditex. Su fortuna[2] viene de fundar este último grupo, al que pertenece entre otras Zara, y que hoy en día es la segunda empresa textil del mundo, detrás de Gap. De Rosalía Mera la revista Forbes destaca[3] que, siendo una de las mujeres más ricas de España, en los últimos años ha abandonado los negocios por las causas humanitarias[4].

1 **poderoso/-a**: mächtig, einflussreich
2 **la fortuna**: Vermögen
3 **destacar**: herausheben
4 **las causas humanitarias**: humanitäre Zwecke

1. ¿Quién es según Forbes la mujer más poderosa del mundo?

_____

2. ¿Quién es la mujer más poderosa de España?

_____

3. ¿Qué empresa fundó con su ex marido?

_____

4. ¿Cómo se llama la empresa que hizo rica a Rosalía Mera?

_____

5. ¿A qué se dedica Rosalía Mera en los últimos años?

_____

11 b ¿Conoce a otras mujeres poderosas? Describa a qué se dedican.

_____

_____

_____

_____

Unidad 6   Ser feliz, pero, ¿cómo?

Vocabulario

1 **Tache la palabra que no corresponda en la serie.**

▶ 3

1. tener	a) suerte	b) éxito	c) felicidad	d) salud
2. estar	a) casado	b) enamorado	c) jubilado	d) para mí
3. ser	a) famoso	b) veinte años	c) romántico	d) feliz
4. hacer	a) acuerdo	b) lo que le gusta	c) la compra	d) deporte
5. sentirse	a) en el sofá	b) bien	c) feliz	d) guapo

2 **Elija la preposición adecuada.**

▶ 4

a	de	para	del	a	a	de	con	en	para

	con	en	en	sin	sin

1. Desde mi casa disfruto _____ una vista maravillosa.

2. _____ las vacaciones me olvido _____ mundo.

3. _____ mí, lo más bonito es subir _____ una montaña.

4. Me gusta ir _____ compras _____ mis amigas.

5. Conozco _____ personas que ayudan _____ mucha gente.

6. _____ ser feliz, lo principal es tener salud.

7. ¿Tomas el café _____ o _____ azúcar?

8. ¿Qué haría yo _____ ti?

9. A mi hija le encanta dormir _____ casa de amigas.

10. Vivo _____ un piso compartido.

3 **Ordene las palabras en el cuadro correcto.**

▶ 6

Está bien.

Tienes razón.

No estoy de acuerdo.

¡Eso es imposible!

Estoy de acuerdo.

No sé, es que …

No me parece bien.

Bueno, pero creo que …

Es verdad, pero …

Zustimmung	Widerspruch	Zweifel

4 **Combine.**

▶ 7

1. No sé, me parece que

2. Yo, en este caso,

3. ¡Estás loca!

4. Yo,

5. No me

6. En ese caso

a) iría al médico.

b) yo hablaría con la policía.

c) Yo me moriría del miedo.

d) parece bien.

e) en tu lugar, preguntaría cuánto cuesta.

f) tienes razón.

Gramática

5 **Complete con el condicional. En el recuadro vertical se esconde la solución a la pregunta.**

▶ 11

1. yo / poder
2. nosotros / ser
3. ellos / decir

4. nosotras / querer
5. él / haber
6. nosotras / estar

7. nosotros / estar
8. yo / comprar
9. ella / sentir

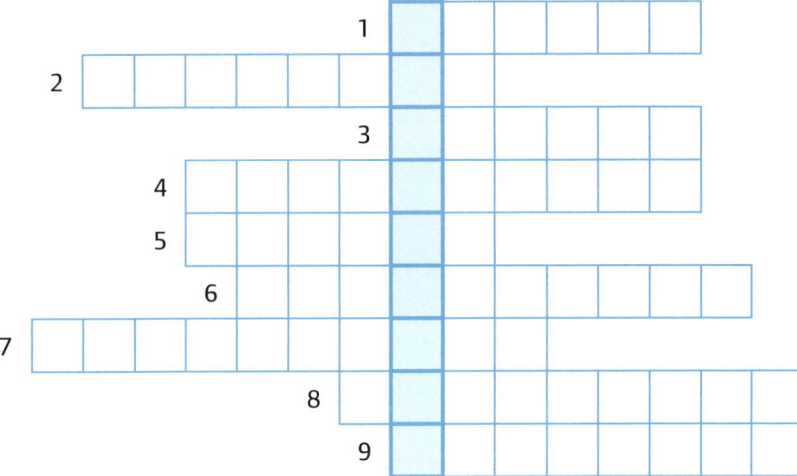

Solución:

+ ¿Qué hacemos esta noche?

– _____ ir al cine.

6 **Un amigo quiere planear un viaje. Ayúdele.**

▶ 11

1. Yo en tu lugar _____ (pensar) en un lugar donde me _____ (gustar) ir.

2. Me _____ (informar) en Internet.

3. _____ (leer) algún libro sobre el país.

4. Le _____ (preguntar) a algún amigo si tiene ganas de acompañarme.

5. _____ (sacar) un billete.

6. Me lo _____ (pasar) muy bien y me _____ (olvidar) de todo.

7 ¿Qué dicen estas personas? Si es conveniente, utilice expresiones como Yo en tu lugar … Yo que tu …

▶ 14

| pedir ayuda | tomar un taxi | ordenar la cocina todos los días | comprar un coche tan moderno |

_____   _____   _____   _____

Comunicación y mediación

8 ¿Qué dice usted si …?

▶ 8

Was sagen Sie, wenn Sie …

1. wissen wollen, was Ihre Mutter über etwas denkt? _____

2. einen Freund um Rat fragen? _____

3. Ihren Chef fragen, was er an Ihrer Stelle machen würde? _____

4. jemandem raten zur Polizei zu gehen? _____

5. jemandem mitteilen wollen, dass Sie nicht wissen was Sie tun sollen? _____

6. jemandem mitteilen, dass Sie nicht gut finden, was er vorhat? _____

9 ¿Qué expresan las siguientes frases? Marque con una cruz.

▶ 14

	deseo	propuesta	petición	reproche
1. ¿Podrías cerrar la ventana?	☐	☐	☐	☐
2. Podríamos ir al cine.	☐	☐	☐	☐
3. Me podrías haber recogido de la estación.	☐	☐	☐	☐
4. Me encantaría ir a un partido de fútbol.	☐	☐	☐	☐
5. Tendrías que llamar a tus padres.	☐	☐	☐	☐
6. Me gustaría ir a Chile.	☐	☐	☐	☐
7. ¿Podría decirme qué hora es?	☐	☐	☐	☐
8. Yo tomaría un taxi.	☐	☐	☐	☐

10 Ordene el diálogo.

▶ 14

a) ☐ ¿Estuvisteis en una casa rural?

☐ Sí y nos gustó mucho.

☐ Geniales. Fuimos una semana a Sierra Nevada.

☐ ¿Qué tal las vacaciones?

b) ☐ ¿Y lo harías otra vez?

☐ Sí, en México en la playa.

☐ No, ni loco. Me picaron muchísimos mosquitos.

☐ ¿Has dormido alguna vez al aire libre?

☐ Yo, en tu lugar usaría repelente.

c) ☐ ¿Dos horas? Pues, por lo menos tendrías que comprarle un buen ramo de flores.

☐ Luisa se ha enfadado conmigo. He llegado con dos horas de retraso a la cena.

☐ No sé qué hacer.

☐ Pero, hombre, ¿qué te pasa?

d) ☐ Es que va a venir mi nieto.

☐ Estoy nervioso.

☐ Tienes razón. El zoo le va a gustar mucho

☐ Bueno, pero no es la primera vez que te visita, ¿no?

☐ Ya, pero esta vez estoy solo y se queda todo el fin de semana …

☐ ¿Y por qué?

☐ ¡Ah, bueno! Pues yo que tú iría con él al zoo y lo llevaría al parque. Así está entretenido.

11 Diga qué consejos dan unas personas a otras.

▶ 8

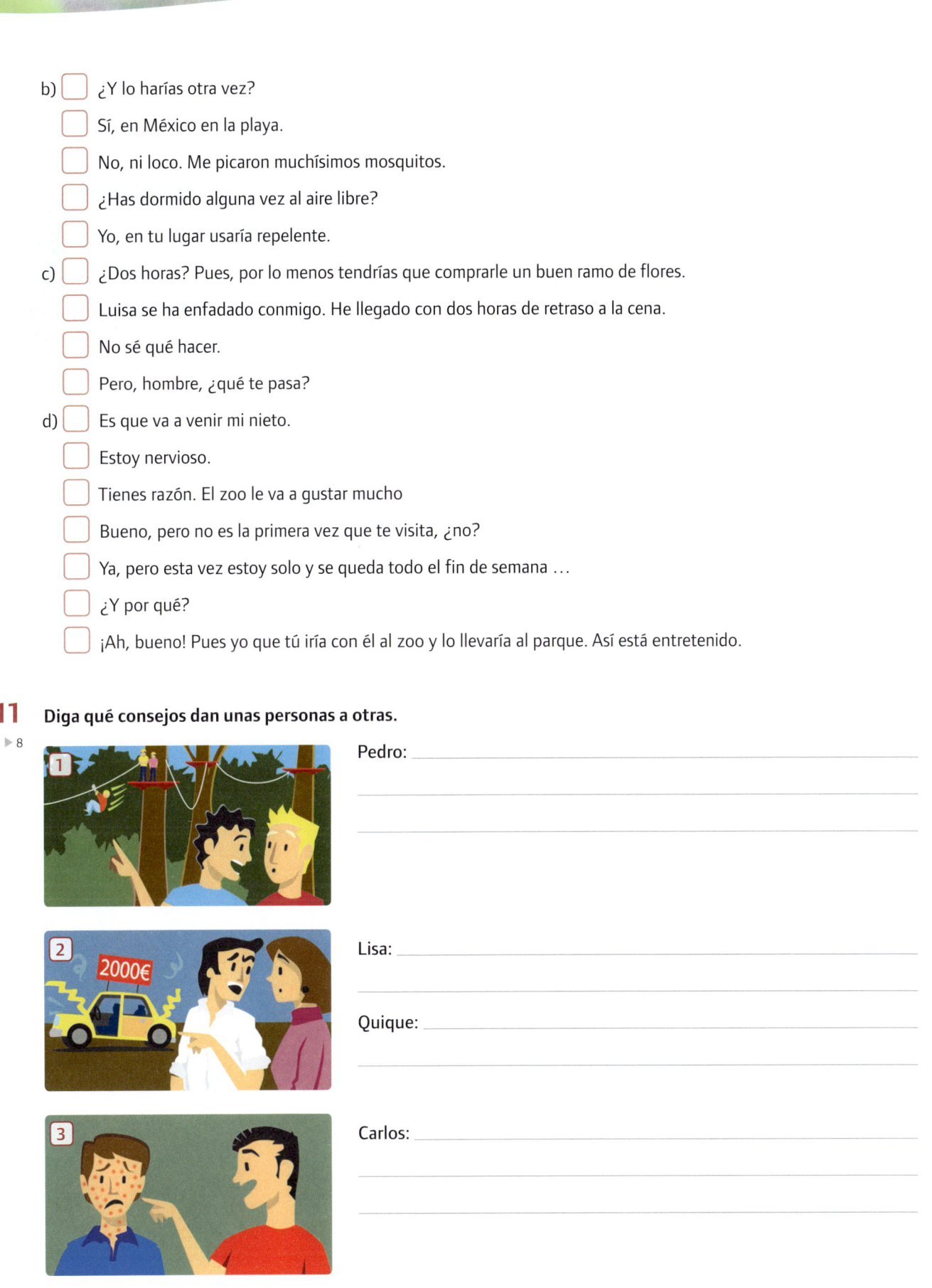

Pedro: _____

_____

_____

Lisa: _____

_____

Quique: _____

_____

Carlos: _____

_____

_____

Lectura y redacción

12 a Lea el artículo.

Primer mapa mundial de la «felicidad»

Según un estudio realizado por Adrian White, psicólogo social de la Universidad de Leicester, en el Reino Unido, el país más feliz del mundo es Dinamarca, seguido de Suiza y Austria. Zimbabwe y Burundi son los últimos de la lista. Venezuela es el país suramericano que mejor se ubicó en el listado llegando al puesto 25, le sigue Colombia en el 34, mientras que Ecuador y Bolivia en el 111 y 117 respectivamente. Los Estados Unidos están en el lugar 23; Inglaterra, en el 41; Alemania, en el 35; España, en el 46 y Francia en el 62.

El investigador, que utilizó datos publicados por la Organización de las Naciones Unidas para la Educación, la Ciencia y la Cultura (UNESCO) y de la Organización Mundial de la Salud (OMS), entre otros organismos, analizó 178 países y se basó en las respuestas de 80.000 personas.

Los niveles de felicidad de una nación están directamente asociados con la salud, el bienestar económico y la educación. White reconoció que estas medidas no son perfectas, pero agregó que eran las mejores disponibles y eran las que los políticos utilizaban para referirse al éxito relativo de cada país. «El concepto de felicidad, o satisfacción en la vida, es actualmente una amplia área de investigación en la economía y la psicología», subrayó White.

12 b Responda.

1. ¿Quién y dónde se realizó este estudio?

2. ¿Cuál es el tema?

3. ¿Qué país es el más feliz según el estudio?

4. ¿En qué lugar se encuentra Alemania?

13 ¿Qué piensa usted de este estudio?

Vocabulario

1 Encuentre ocho palabras en la sopa de letras. Las frases le ayudarán.

▶ 8

A	T	O	L	E	R	A	N	T	E	L	W	O
D	U	D	V	H	J	D	K	L	V	D	I	H
F	C	B	J	E	S	I	V	P	G	I	X	A
T	S	P	A	C	E	F	O	R	O	W	M	N
S	B	A	M	A	X	I	Z	M	C	B	E	R
E	M	I	G	R	A	C	I	O	N	O	Z	J
E	T	S	E	T	Y	I	N	G	A	W	Q	U
A	D	I	U	E	K	L	V	E	I	U	V	N
C	O	M	E	R	C	I	A	L	A	S	C	O
N	V	H	T	A	Z	V	F	W	N	H	E	U
I	N	V	E	S	T	I	G	A	C	I	O	N

1. España ha sido un país de …
2. He cambiado mucho de … He vivido en siete países diferentes.
3. Al principio es … acostumbrarse.
4. Ayer encontré una … en el suelo.
5. Estaba haciendo la compra en el centro … cuando sonó la alarma.
6. Juan y yo nos conocimos en un … en la Red.
7. José Luis trabaja en un proyecto de … en Montevideo.
8. Vivir en otros países te hace más …

2 ¿Qué puede decir sobre este tema? Complete el mapa.

▶ 13

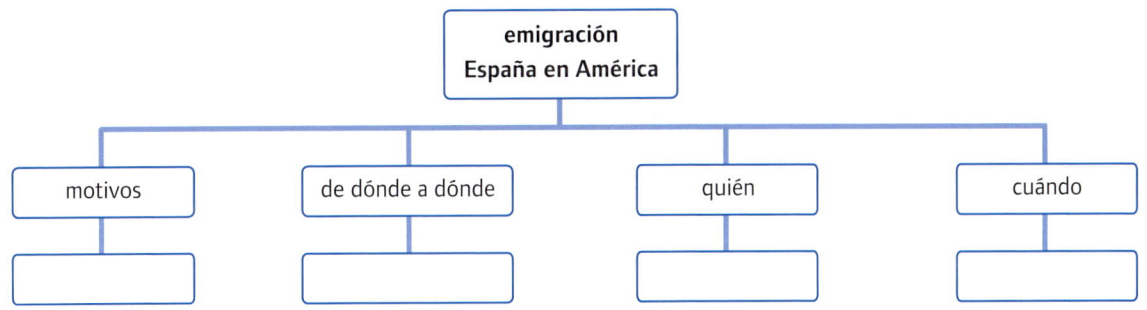

emigración
España en América

| motivos | de dónde a dónde | quién | cuándo |

3 a Busque la pareja.

▶ 10

1. a través de
2. de repente
3. breve
4. a que no sabes
5. poco a poco
6. incluso
7. literal
8. ya que
9. al igual que
10. en cualquier caso

a) plötzlich
b) nach und nach
c) kurz
d) durch
e) wetten, dass du nicht weiß …
f) weil, da ja
g) sogar
h) ebenso wie
i) wörtlich
j) auf jeden Fall

3 b **Complete las frases. Elija una de las expresiones anteriores.**

▶ 10

1. Ayer salí de casa sin paraguas y _____ empezó a llover.

2. Marina es mexicana y vive en Siria. _____ se va acostumbrando a la comida del país.

3. ¿_____ que en EE.UU hay una lengua que se llama spanglisch?

   _____ puedes ver la tele y leer libros en este idioma.

4. En espanglish _____ en otras lenguas existen diccionarios.

4 **Traduzca.**

▶ 10

1. In bin in ein anderes Land umgezogen.

   _____

2. Jemand hat an der Tür geklingelt/geklopft.

   _____

3. Welches ist dein Ursprungsland?

   _____

4. Das ist mein Lieblingsradiosender.

   _____

5. Welche Eigentümlichkeiten/Besonderheiten hat das Spanglish?

   _____

6. Die Anzahl der Spanischsprecher in den USA steigt an.

   _____

Gramática

5 **Traduzca utilizando mientras o durante. Escriba en su cuaderno.**

▶ 6

1. Während Sandra in Cartagena wohnte, wohnte Raúl in Uruguay.

   _____

2. Für eine lange Zeit bleiben sie in Kontakt.

   _____

3. Während des Urlaubs haben sie die Familie besucht.

   _____

4. Während Sandra den Urlaub in Cartagena verbrachte, besuchte Raúl seine Familie.

   _____

5. Lange Zeit lebten Sandra und Raúl außerhalb ihres Landes.

   _____

6 Complete con mientras o durante.

▶ 13

1. _____ mucho tiempo España fue un país de emigración.

2. México abrió sus puertas para recibir a aquellos que _____ la guerra habían luchado contra Franco.

3. _____ los años 50 emigraron a Latinoamérica.

4. _____ unos se decidían por Cuba, otros lo hacían por Argentina.

5. _____ los españoles disfrutan de la democracia, la economía se recupera.

7 a ¿Qué hacen las personas? Mire los dibujos y complete las frases.

▶ 9

Luis _____

_____

Laura _____

_____

Elena y Sofía _____

_____

Carlos _____

_____

Mis padres _____

_____

Azucena está _____

_____

7 b ¿Qué estaban haciendo las personas del ejercicio anterior?

1. _____

2. _____

3. _____

4. _____

5. _____

6. _____

8 Complete con el tiempo del pasado que falta.

▶ 11

1. Yo _____ (estar) en la playa tomando el sol.

_____ (haber) bastante gente y _____

(hacer) sol **cuando de pronto empezó** a llover.

2. _____ (Ser) las once de la mañana. _____ (Estar / yo) tomando un café y leyendo el

periódico en el Bar Blanco. Todo _____ (estar) tranquilo cuando **de pronto se oyó** un ruido

horroroso. ¡Un accidente!

3. _____ (estar / yo) en la plaza. _____ (haber) mucha gente. Unos señores

_____ (llevar) un sombrero muy grande. **De pronto sacaron** sus instrumentos **y empezaron** a cantar.

Me **gustó** mucho.

> **¡RECUERDA!**
>
> Im *Imperfecto* steht der Rahmen oder Hintergrund einer Handlung.

9 Formule frases con **estar** + gerundio y la palabra **cuando**.

▶ 8

Ejemplo: *Luis – correr / ver a Laura*
Luis estaba corriendo cuando vio a Laura.

1. yo – leer / teléfono sonar

_____

2. vosotras – dormir / yo – llegar a casa

_____

3. nosotros – comprar las entradas / tú – llegar

_____

4. Luisa –bailar / conocer a Jorge

_____

5. tú – salir de casa / tú – caerse

_____

10 Elija el tiempo correcto.

▶ 6

1. La última vez que **iba** / **fui** al cine **me encontraba** / **me encontré** con Julio.

2. Mientras **tomaba** / **tomé** una cerveza me **robaban** / **robaron** el coche.

3. Mis padres **emigraban** / **emigraron** en el año 1975 a Alemania.

4. **Pasábamos** / **Pasamos** las vacaciones en Argentina. ¡Fue muy romántico!

5. Antes **iba** / **fui** mucho al teatro, pero ahora no tengo tiempo.

6. Después de 1945 muchos fascistas **se fueron** / **se iban** a Latinoamérica.

7. ¿A que no sabes qué **pasaba** / **pasó** ayer en la oficina?

8. El sábado **llovió** / **llovía** durante toda la mañana y de repente **salía** / **salió** el sol.

Comunicación y mediación

11 Marque con una cruz la traducción correcta.

▶ 4

1. Sie sind wegen der Familie ausgewandert.
   a) ☐ Emigraron para la familia.
   b) ☐ Emigraron por la familia.

2. Sie haben sich im Internet kennengelernt.
   a) ☐ Se conocieron para Internet.
   b) ☐ Se conocieron por Internet.

3. Einerseits fühle ich mich sehr wohl hier.
   a) ☐ Para una parte me siento muy bien aquí.
   b) ☐ Por una parte me siento muy bien aquí

4. Vielen Dank für die Einladung.
   a) ☐ Muchas gracias para la invitación.
   b) ☐ Muchas gracias por la invitación.

5. Wir kamen aus politischen Gründen her.
   a) ☐ Vinimos para motivos políticos.
   b) ☐ Vinimos por motivos políticos.

6. Warum studierst du in Venezuela? Wegen des Klimas?
   a) ☐ ¿Para qué estudias en Venezuela? ¿Para el clima?
   b) ☐ ¿Por qué estudias en Venezuela? ¿Por el clima?

Lectura y redacción

12 a Lea este artículo que apareció en el periódico español El País.

Una empresa alemana ofrece trabajo para 400 ingenieros de España, Italia y Grecia
La firma Rücker AG lanza un nuevo proyecto por falta de ingenieros en Alemania

Alemania sigue buscando ingenieros. Muchos profesionales ya han emigrado al país. La firma Rücker AG, que elabora la planificación digital de servicios técnicos y de desarrollo, ofrece trabajo a 400 ingenieros españoles, italianos y griegos. La empresa, con base en Wiesbaden, está cerca de Fráncfort. La iniciativa forma parte del programa Ingenieros para Alemania dirigido a tres de los países más afectados por la recesión.

El proyecto ofrece a los ingenieros empleo inmediato, salarios atractivos y perspectivas de futuro. Rücker lucha así contra la falta de ingenieros en Alemania. Al aceptar el contrato de trabajo con la empresa alemana, los trabajadores tendrán derecho a un curso intensivo de dos meses en alemán con una asignación para gastos de 1.000 euros. Después de seis meses con un sueldo de 3.000 euros al mes, la compañía ofrecerá un contrato indefinido al nuevo ingeniero. Entonces, podrá llegar a cobrar 3.500 euros. La empresa pide conocimientos en el programa informático Catia V-4 y Catia V-5, así como en diseño de vehículos o mecánica y en aviación, ingeniería eléctrica y construcción.

Texto adaptado, El País – Madrid – 11 abril 2012 – 14:34 CET

12 b Responda.

1. ¿Qué busca la firma alemana Rücker AG?
2. ¿Dónde tiene su base la firma Rücker AG?
3. ¿Cuánto puede llegar a cobrar un ingeniero español?
4. ¿Qué pide la empresa?
5. ¿A qué tendrán derecho los trabajadores?
6. ¿Hasta cuánto pueden llegar a cobrar un empleado?

Vocabulario

1 ¿De dónde son los siguientes productos?

El vino es italiano.

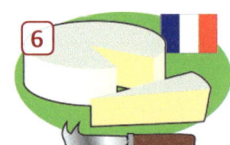

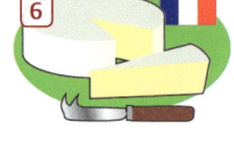

2 ¿Qué palabra no corresponde?

▶ 4

1. selección – gol – equipo – sistema solar

2. política – economía – conservador – cultura

3. filmar – ladrón – cámara – película

4. zapatos – escapar – ladrón – policía

3 Complete con la palabra que falta.

▶ 10

empleos   compañía de baile   gobierno   impuestos   director   copia   premios   pasión   cumbre

1. Esta chica ha recibido muchos _____ por su última película.

2. El _____ no va a subir los _____ .

3. Este año se celebra la _____ europea en Madrid.

4. ¿Has oído que han encontrado una _____ de un cuadro famosísimo de Van Gogh?

5. El Presidente dice que harán lo posible para crear nuevos _____ .

6. La _____ de Juan es la viticultura.

7. Belén baila muy bien y ha conseguido un puesto en una _____ muy famosa.

8. ¿Cómo se llama el _____ de la película?

4 **Traduzca.**

1. Ich habe den Krieg nicht erlebt.

_____

2. Im Fernsehen läuft viel Müll.

_____

3. Manchmal ist es schwer zwischen Information und Manipulation zu unterscheiden.

_____

4. Heutzutage wollen alle Stars sein.

_____

Gramática

5 **Mire los dibujos y complete las frases con el pretérito indefinido y el pretérito pluscuamperfecto.**

▶ 11

Cuando Laura _____ (salir) del baño, Lorenzo ya

_____ (dormirse).

Cuando Victor y Sonia _____ (regresar) a casa, el perro ya se lo

_____ (comer) todo.

Eduardo ya _____ (comprar) la guía, cuando la

_____ (encontrar) más barata en otra librería.

Isabel ya _____ (casarse) con Nacho cuando se enamoró de

Pablo.

6 Complete con el imperfecto, indefinido o pluscuamperfecto.

▶ 11

Una fiesta de cumpleaños

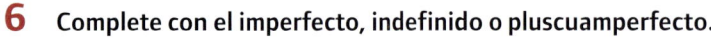

El año pasado mi hermano cumplía 18 años y por eso _____

(tener / yo) una idea: organizar una fiesta sorpresa para él.

_____ (ser) la primera fiesta que _____

(organizar / yo) para él.

_____ (hacer / yo) una lista con todo lo que

_____ (tener / yo) que hacer: hacer las invitaciones, enviarlas, hacer una lista de lo que necesitábamos

para comer y beber, adornar la sala … ¡Uf! ¿Me lo había pensado bien?

Le pedí ayuda a Felipe que _____ (ser) su mejor amigo y además muy simpático. El

_____ (ser) especialista en fiestas y _____ (conocer) a mi hermano muy bien.

_____ (ser) muy buenos amigos y _____ (pasar) el verano pasado juntos.

_____ (hacer) parapente, _____ (probar) el esquí acuático, _____ (hacer)

submarinismo y _____ (divertirse) muchísimo.

Felipe me _____ (ayudar) a hacer la lista de invitados y de las compras.

_____ (llegar) el día. Primero _____ (ir / nosotros) a comprar todo lo que

_____ (necesitar / nosotros). _____ (ser) sábado y las tiendas _____

(estar) llenísimas. ¡Qué horror! _____ (empezar / nosotros) a preparar todo: algo para picar, pasteles,

etc. Por la noche _____ (venir) los amigos y todos _____ (estar) muy contentos. Yo

_____ (estar) muy cansada, pero feliz.

Mi hermano y Felipe _____ (llegar) a casa. Todo _____ (estar) oscuro. Cuando mi

hermano _____ (abrir) la puerta, le _____ (cantar / nosotros) «Cumpleaños feliz». Mi

hermano no se lo _____ (poder) creer.

La fiesta _____ (ser) un éxito. Un amigo _____ (sacar) la guitarra y _____

(tocar) de todo y _____ (bailar / nosotros) toda la noche. Por la mañana _____

(desayunar / nosotros) juntos chocolate con churros. _____ (ser) una fiesta estupenda.

7 Complete con antes de o después de.

▶ 12

1. David vive en Salamanca. _____ vivir en Salamanca vivía en Cádiz.

2. Luis estudió arquitectura, pero _____ la carrera empezó a trabajar en la tienda de su padre.

3. Tú te duchas _____ levantarte.

4. Por la noche _____ de dormirme leo un libro.

5. Sofía lee todas las mañanas el periódico _____ ir al trabajo.

6. Primero voy a comer y _____ comer voy a ver la telenovela.

Comunicación y mediación

8 Relacione.

▶ 3

1. ¿Ves muchas telenovelas?

2. ¿Qué sección del periódico te interesa?

3. ¿Ven tus hijos normalmente la tele?

4. ¿Oyes la radio?

5. ¿Qué periódico lees?

a) Pues, la de política y cultura.

b) No, las telenovelas me aburren.

c) Sí, por la mañana mientras tomo un café.

d) Pues, a veces les pongo los dibujos animados.

e) Pues, el Marca lo compro siempre; El País, de vez en cuando.

9 ¿Cómo se dice en español? Escriba en su cuaderno.

▶ 6

1. Sie finden, dass die Zeitungen besser als andere Medien informieren.
2. Sie teilen mit, dass Sie eine Zeitung abonniert haben.
3. Sie teilen mit, dass Sie jeden Tag verschiedene Zeitungen im Internet lesen.
4. Sie erklären, dass Politik Sie sehr interessiert und dass Sie jeden Tag die Nachrichten sehen.

Lectura y redacción

10 a Lea el texto.

«Violeta se fue a los cielos»

Andrés Wood es un director de cine chileno. Con su última película «Violeta se fue a los cielos» (2011) ha conseguido conmover a muchos. La película narra la vida de la artista Violeta Parra, también chilena y conocida sobre todo por su canción «Gracias a la vida», que la ha hecho inmortal y que es conocida en el mundo entero. Las versiones más populares son las cantadas por Mercedes Sosa y Joan Baez. Esta canción llegó además a ser el símbolo de protesta del movimiento latinoamericano en los años 50. La película muestra a la protagonista como un ser libre que se dedica tanto a la música como a la poesía, a la pintura o la escultura. Violeta viaja por Chile y recoge las canciones de los más pobres.

10 b Marque con una cruz si es verdadero o falso.

	V	F
1. El director de la película es chileno, como su protagonista Violeta Parra.	☐	☐
2. Violeta Parra fue una cantante muy famosa de Chile.	☐	☐
3. Su canción «Gracias a la vida» fue cantada por Joan Baez	☐	☐
4. La canción es muy romántica y nada crítica.	☐	☐

Unidad 9   A su gusto

Vocabulario

1 **Combine.**

▶ 1

1. probar
2. intercambiar
3. comprar algo
4. mirarlo
5. regatear con

a) todo
b) el vendedor / la vendedora
c) algo nuevo
d) una receta
e) rico

2 **Tache la palabra que no corresponda.**

▶ 6

1. puesto – mercado – sonido
2. cereales – mantequilla – nata
3. mermelada – tienda ecológica – frutería

3 **¿Qué hay en la mesa? ¿Qué falta?**

▶ 10

En la mesa hay _____

_____

_____

_____

En la mesa falta _____

_____

_____

4 **Busque la pareja.**

▶ 8

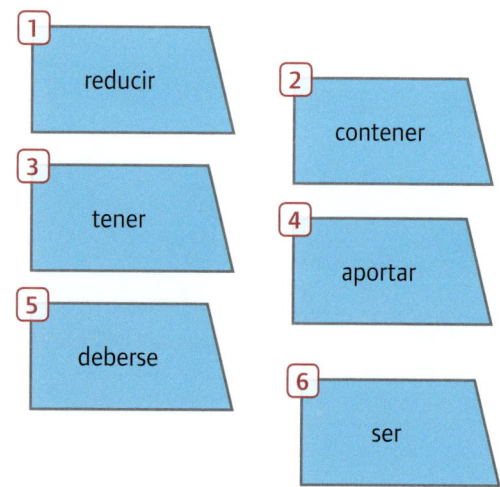

1. reducir
2. contener
3. tener
4. aportar
5. deberse
6. ser

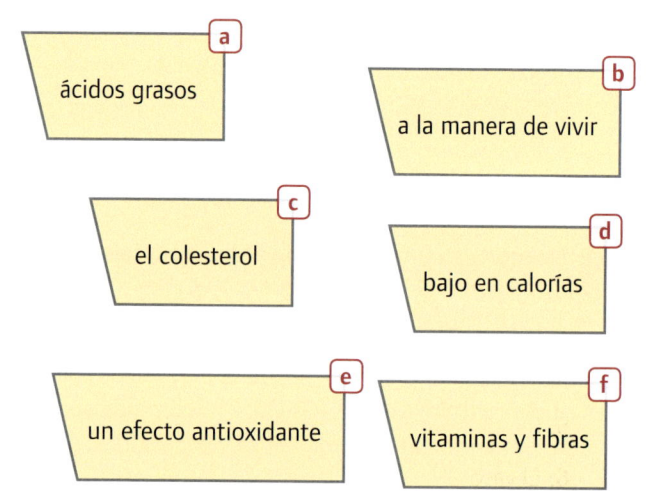

a) ácidos grasos
b) a la manera de vivir
c) el colesterol
d) bajo en calorías
e) un efecto antioxidante
f) vitaminas y fibras

Gramática

5 **Complete con el pronombre de objeto directo o de objeto indirecto.**

▶ 7

1. – ¿Compraste el pan?

   + Sí, _____ compré antes de ir al trabajo.

2. – ¿Qué _____ compraste a Javi?

   + Pues _____ compré un CD.

3. – ¿Dónde compraste este vino tan bueno?

   + _____ compré en una tienda aquí cerca.

4. A mis padres _____ encanta comer bien.

5. A mi hija no _____ gusta el pescado.

6. – ¿Quién compra las patatas?

   + Pues _____ puedo comprar yo.

7. ¿Dónde pusiste la compra?

   + _____ puse en la nevera.

8. – ¿Dónde dices que vio María ayer a Carlos?

   + _____ vio en el centro.

> **¡RECUERDA!**
>
> Objeto directo: **lo, la, los, las**
> Objeto indirecto: **le, les**

6 **¿Dónde ha puesto Felipe las cosas?**

▶ 10

1. La cuchara *la ha puesto a la izquierda del plato. La tiene que poner a la derecha.* _____

2. El tenedor _____

3. El cuchillo _____

4. La copa _____

5. La servilleta _____

6. El vaso _____

7 a Complete las frases con los pronombres de objeto indirecto.

▶ 13

Ejemplo: *Javi le pasa la sal a su padre.*

1. Miguel _____ da el pastel a Carmen.

2. Eugenia _____ prepara una tortilla riquísima (a nosotros).

3. Javi, Álvaro y yo _____ queremos regalar un viaje a nuestros padres.

4. Marina _____ compró a su hijo la leche en la tienda biológica.

5. Celia _____ dijo a sus padres que preparaba una cena vegetariana para ellos.

6. Ayer Alicia _____ trajo del mercado fruta exótica (a ti).

7. El camarero _____ recomendó el vino a Marina.

7 b Subraye los objetos directo e indirecto en las frases. Sustituya el objeto directo por el pronombre.

▶ 14

Ejemplo: *Javi le pasa la sal a su padre. → Javi se la pasa.*

1. Miguel le da el pastel a Carmen. → _____

2. Eugenia nos prepara una tortilla riquísima (a nosotros). → _____

3. Javi, Álvaro y yo les queremos regalar un viaje a nuestros padres. → _____

4. Marina le compró a su hijo la leche en la tienda biológica. → _____

5. Celia les dijo que preparaba una cena vegetariana a sus padres. → _____

6. Ayer Alicia te trajo del mercado fruta exótica (a ti). → _____

7. El camarero le recomendó el vino a Marina. → _____

8 Complete con los objetos directo e indirecto.

▶ 14

1. − ¿Le compraste las manzanas a Laura?

   + Sí, _____ compré.

2. − ¿Te cambió el camarero el plato?

   + Sí, _____ cambió.

3. − ¿Os ha preguntado el camarero si queréis otra mesa más grande?

   + Sí, claro que _____ ha preguntado.

4. − Camarero, ¿nos trae otra botella de vino?

   + Sí, ahora mismo _____ traigo.

5. − Enrique, ¿nos recomiendas el salmón a la plancha?

   + No, no _____ recomiendo. Está un poco soso.

6. − ¿Virginia le llevó a Juan el regalo a la fiesta?

   + No, no _____ llevó.

9 ¿Qué tal la comida? Forme frases combinando los dos recuadros.

▶ 15

Ejemplo: *chuletas / bien hecho → Las chuletas están bien hechas.*

| las tapas   el pescado   la sopa   los calamares   la dorada |
| el estofado   los espárragos   las patatas   el pollo |
| la camarera   el coche |

| caliente   crudo   frío   picante |
| salado   soso   quemado   horrible |
| cansado   estropeado |

_____

_____

_____

_____

10 Usted queda con un amigo para cenar. Escriba el diálogo en su cuaderno.

▶ 15

> Sie grüßen Ihren Freund und fragen ihn, was er heute gerne machen möchte

→

> Er antwortet, dass er gerne essen gehen würde. Er hat nicht zu Mittag gegessen. Aber er isst kein Fleisch.

←

> Sie sagen, dass Sie alles essen und fragen, ob er Fisch isst

→

> Er verneint die Frage und erzählt Ihnen, dass er allergisch gegen Fisch ist. Aber er schlägt vor, in ein vegetarisches Restaurant zu gehen.

←

> Sie sagen, dass Sie die Idee gut finden und dass Sie nie in einem vegetarischen Restaurant gegessen haben.

→

> Im Restaurant angekommen fragt ihr Freund nach einen freien Tisch für zwei Personen.

←

> Nachdem Sie sich hingesetzt haben, bestellen Sie für sich Gazpacho und eine gegrillte Dorade und für ihren Freund eine Gemüsesuppe und vegetarische *empanadillas*, und zu trinken eine Flasche Wein.

→

> Ihr Freund erzählt Ihnen, dass seine Gemüsesuppe sehr kalt ist.

←

> Sie erzählen ihm, dass der Gazpacho zu salzig ist, aber der Wein schmeckt Ihnen gut.

→

> Ihr Freund stimmt Ihnen zu. Ihr Freund ruft den Kellner und bittet um die Rechnung.

Comunicación y mediación

11 ¿Cómo se dice en español? Escriba las frases en su cuaderno.

▶ 13

1. Sie begrüßen den Obstverkäufer auf dem Markt und fragen ihn, was er Ihnen heute empfiehlt.
2. Fragen Sie, wie teuer die Honigmelone ist?
3. Fragen Sie Ihren Nachbarn, ob er jeden Tag kocht.
4. Teilen Sie mit, dass Sie alles essen.
5. Sie stellen fest, dass das Gemüse aus der Region stammt.
6. Sagen Sie, dass Sie keine Zeit haben zu kochen.

12 Tache la forma incorrecta.

▶ 15

1. Leticia
   a) ☐ es vegetariana.
   b) ☐ está vegetariana.

2. Carlos Alberto
   a) ☐ es alérgico.
   b) ☐ está alérgico.

3. Yolanda y Fabio
   a) ☐ son casados.
   b) ☐ están casados.

4. Lucho y Eva
   a) ☐ son cansados.
   b) ☐ están cansados.

5. Estas patatas bravas
   a) ☐ están muy picantes.
   b) ☐ son muy picantes.

6. Los mejillones
   a) ☐ son bien.
   b) ☐ están bien.

Lectura y redacción

13 Lea el texto y responda.

Restaurante El Bulli

El Bulli es un restaurante que está en la Cala Montjoy, en Rosas, cerca de Barcelona. La primera vez que se tiene noticia escrita de él es en 1961 por un permiso de obras para un minigolf por parte de Hans y Marketta Schilling. Esta pareja llegó a Rosas en la década de los 50 y se enamoraron de la cala Montjoi, donde compraron un terreno. La señora Schilling servía comidas ya antes de que existiera el establecimiento y organizaba parrilladas de carne al aire libre. El nombre elegido fue «El Bulli», puesto que el matrimonio tenía perros bulldog franceses, a los que coloquialmente se llama «bulli». Hasta 1990 fueron los propietarios. Ese año lo adquirió Ferrán Adrià. Hoy Ferrán Adriá no es solo el cocinero principal, sino uno de los cocineros-chef más famosos de España y del mundo.

La filosofía del restaurante está resumida en 23 puntos principales. Este es un resumen de los primeros cuatro:

1. La cocina es un lenguaje. Puede expresar armonía, creatividad, felicidad, belleza, poesía, complejidad, magia, humor, provocación, cultura.
2. Solo se utilizan productos de máxima calidad.
3. Todos los productos tienen el mismo valor gastronómico, independientemente de su precio.
4. Se utilizan preferentemente productos del mundo vegetal y del mar.

---

1 **pesado/-a:** schwer
2 **mediante el cual:** *hier:* durch die
3 **elaborar:** ausarbeiten
4 **predominar:** überwiegen
5 **configurar:** bilden
6 **ligero/-a:** leicht
7 **el ave:** Geflügel

1. ¿Quiénes fueron los primeros propietarios de «El Bulli»?

   _____

2. ¿De dónde proviene el nombre del restaurante?

   _____

3. ¿Cómo se llama su propietario actual? ¿Qué función tiene?

   _____

4. Escriba dos aspectos de la filosofía del restaurante.

   _____

Unidad 10   La meta es el camino

Vocabulario

1 Complete el crucigrama con la definición de las frases.

▶ 9

[crucigrama]
1
2
3
4
5
6
7
8
9

1. La tengo en el armario y me la pongo todos los días.
2. Me lo pongo para nadar.
3. Me protege la cabeza del sol.
4. Protegen la piel contra el sol.
5. Me muestra las calles de la ciudad.
6. En él se puede leer.
7. Es un ordenador pequeño que llevo en un maletín.
8. Me los pongo en los pies.
9. Sirve para abrir la puerta.

Solución: Necesito el _____ cuando viajo a otro país.

2 Complete con el verbo correcto.

▶ 2

| irnos   hacer   hemos renovado   dejamos   llevar   vacunarnos |

1. Leticia tiene que _____ el coche al taller.

2. Yo tengo que _____ las maletas.

3. Antes de _____ llevamos al perro al hotel canino.

4. Vamos a América Latina y por eso tenemos que _____ .

5. Nosotros cuando vamos de vacaciones le _____ la llave a la vecina. ¿Y tú?

6. Todavía no _____ el pasaporte.

3 ¿Qué es?

▶ 10

1. Sirve para escribir. Es un _____
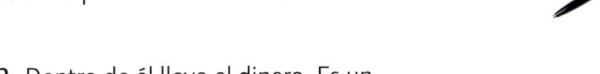

2. Dentro de él llevo el dinero. Es un _____

3. Con él me seco el pelo. Es un _____

4. Este documento me permite conducir. Es un _____

5. La tomo cuando estoy mal. Es una_____
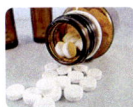

4 Busque la pareja.

▶ 10

1	en cambio
2	a lo mejor
3	de repente
4	mientras

a	während
b	hingegen
c	vielleicht
d	plötzlich

Gramática

5 ¿Qué dice la madre? Complete con el verbo en imperativo.

▶ 10

| tomar | cerrar | ayudar | darse |

_____ la ventana, por favor.

_____ prisa. Vas a llegar tarde.

Después del colegio, _____ a tu hermano a hacer los deberes.

Para ir al centro _____ el autobús número cinco.

6 a Complete con el imperativo.

▶ 14

1. _____ (tener / tú) cuidado al cruzar la calle.

2. _____ (ponerse / tú) la chaqueta porque hace frío.

3. _____ (venir / ustedes) mañana a las cinco.

4. _____ (leer / vosotros) este libro, es muy interesante.

5. _____ (llamar / usted) esta tarde.

6. _____ (salir / usted) todos los días a dar un paseo.

7. _____ (dejar / vosotros) el perro en casa.

8. _____ (venir / ustedes) a la agencia esta tarde.

6 b Complete con el imperativo y el pronombre.

1. _____ (decir / tú – a ella) dónde puede localizarte.

2. _____ (informar / tú – a él) sobre la situación.

3. _____ (dar / tú – a mí) tu número de teléfono.

4. ._____ (escribir / usted – a nosotros) un e-mail.

5. _____ (escribir / tú – a mí) desde Chile.

6. _____ (traducir / usted – a mí) esta carta.

7 En todas las lecciones los imperativos le dicen lo que debe hacer. ¿Los recuerda?

▶ 16

Infinitivo	Significado	Imperativo Vd.	Imperativo tú
traducir	übersetzen	traduzca	traduce
preguntar			
mirar			
leer			
escuchar			
escribir			
contestar			
completar			
buscar			
decir			
oir			

8 Mire los dibujos y complete las frases con el adverbio correspondiente.

▷ 6

tranquilo

Juan y Mari fueron caminando _____ hasta el hotel.

total

El coche de David es _____ moderno.

rápido

Marina ha subido a la cima _____ .

fácil

Voy a preparar la cena _____ .

práctico

Tenemos que ir a comprar, la nevera está _____ vacía.

estupendo

Esta noche nos lo hemos pasado _____ bien.

loco

Sofía y Alberto están _____ enamorados.

cómodo

Para mí, es muy importante viajar _____ .

9 Tache la forma incorrecta.

▸ 18

1. Si quieres conocer bien la ciudad, **sale** / **sal** con amigos.

2. Si vas a llegar tarde, **coges** / **coge** mejor un taxi.

3. Si quieres un vuelo barato, **compra** / **compres** ya el billete.

4. Si tienes preguntas, **llámame** / **llámema**.

5. Si quieren pagar, **pasen** / **pasan** por caja.

6. Si quieres salir, **deje** / **deja** las llaves en información.

Comunicación y mediación

10 Combine.

▸ 4

1. Si te gusta la cultura azteca	**a)** tiene que leer el último libro de García Márquez.
2. Si le interesa la literatura	**b)** tienes que ir a México.
3. Si necesitáis ayuda	**c)** tienes que ir a un médico.
4. Si tienes problemas de salud	**d)** busca un vuelo barato.
5. Si tienes tiempo	**e)** me llamáis por teléfono y vengo rápido.
6. Si no tienes mucho dinero para viajar	**f)** tienes que ir al cine a ver la película de Littín.

11 Hablando de viajes. Pregunte.

▸ 4

Sie machen eine Umfrage. Sie fragen die Leute, …

1. wohin sie gerne in Urlaub fahren. _____

2. mit welchen Verkehrsmitteln sie am liebsten fahren. _____

3. ob sie lieber alleine oder in Begleitung fahren. _____

4. ob sie lieber an den Strand oder in die Berge fahren. _____

5. ob es ein Land gibt, in das sie nie fahren würden. _____

12 Combine.

▸ 5

1. Antes de viajar	**a)** para cenar juntos.
2. Después de ducharme,	**b)** me informo sobre el país.
3. María me dio las gracias	**c)** desayuno.
4. Voy a la agencia de viajes	**d)** por la guía que le presté.
5. Al llegar a las ruinas de Palenque	**e)** para reservar un vuelo a Buenos Aires.
6. Por esperarte	**f)** me di cuenta de la genialidad de los mayas.
7. Después de terminar de leer el libro	**g)** no he podido entrar a ver la película en el cine.
8. Nos encontramos en el restaurante	**h)** estaba muy emocionada.

Lectura y redacción

13 a Lea el texto.

Una aventura diferente

¿Ha pensado alguna vez hacer algo loco, atrevido, diferente? ¿En moto? ¿Por paisajes hermosos? ¿Con gente diferente? ¿Qué le parece el Rally de Dakar? Hasta 2008 se realizaba en Africa, pero por amenazas terroristas se cambió a Latinoamérica. Por primera vez en la historia del rally en enero de 2013, los puntos de partida y llegada fueron las ciudades de Lima y Santiago de Chile, respectivamente. El recorrido total para las motos era de 8.423 km; para los coches, de 8.574 km. Algunos tuvieron que luchar también contra la mayor altitud de su historia: alrededor de 4.900 metros sobre el nivel del mar.

Si quiere inscribirse tiene que tener en cuenta el tipo de vehículo que va a utilizar en la competición. La inscripción de las motos cuesta entre 3.700€ a 13.000€ y una fianza de 3.000€ que se devuelve al finalizar la carrera. Si quiere inscribir un coche cuesta entre 2.100€ y 8.500€. Al final de la carrera se devuelve la fianza de 2000€.

Es decir, la inscripción de un coche con piloto y copiloto (obligatorio) y otro coche de asistencia, también con piloto y copiloto, costaría alrededor de 50.000€.

¿Y qué se necesita?
• Dos fotografías por persona
• Fotocopia del carnet de conducir
• Fotocopia del pasaporte con 6 meses de validez
• Justificante[1] del pago de la inscripción
• Justificante de vacunación contra la fiebre amarilla
Pues, adelante y ¡buena suerte!

1 justificante: Bescheinigung

13 b Conteste.

1. ¿Dónde se celebra el Rally de Dakar?

_____

2. ¿Cuánto cuesta inscribir un coche? ¿Y la fianza?

_____

3. ¿Cuál es la altitud máxima por la que tienen que pasar?

_____

4. ¿Qué se necesita para participar?

_____

13 c Opine.

¿Qué suponen estas carreras para el medio ambiente?

_____

_____

_____

_____

Unidad 11   La salud es lo primero.

Vocabulario

1 a **Complete con las partes del cuerpo que señalan las flechas.**

▶ 4

1. con el _____ en la mano

2. costar un _____ de la cara

3. tomar el _____

4. estar hasta las _____

5. lavarse las _____

6. dar su _____ a torcer

7. «En _____ cerrada no entran moscas.»

8. entrar por un _____ y salir por el otro

1 b **¿Qué significan las frases anteriores? Combine.**

1. con el corazón en la mano   **a)** in ein Ohr hinein, aus dem anderen wieder heraus

2. costar un ojo de la cara   **b)** sich die Hände in Unschuld waschen

3. tomar el pelo   **c)** klein beigeben

4. estar hasta las narices   **d)** ein Heidengeld kosten

5. lavarse las manos   **e)** die Nase voll haben

6. dar su brazo a torcer   **f)** auf den Arm nehmen

7. en boca cerrada no entran moscas   **g)** schweigen ist Gold

8. entrar por un oído y salir por el otro   **h)** Hand auf's Herz

2 **Busque la pareja. Escriba el número que corresponda.**

▶ 9

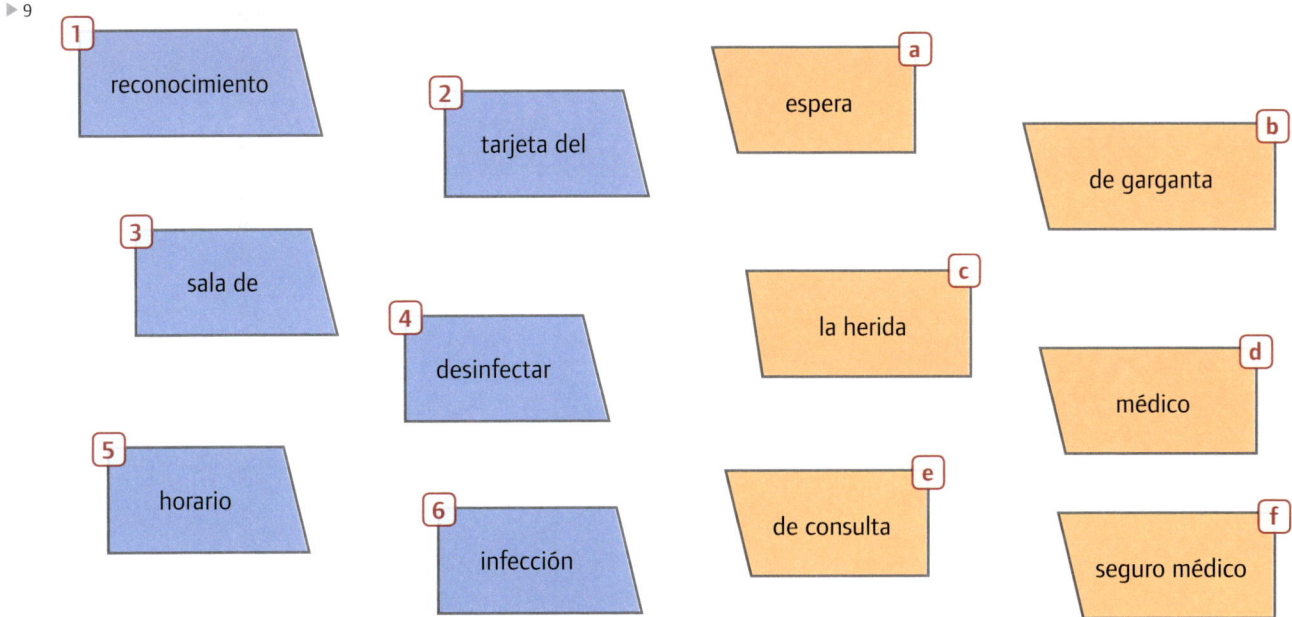

1 reconocimiento

2 tarjeta del

3 sala de

4 desinfectar

5 horario

6 infección

a espera

b de garganta

c la herida

d médico

e de consulta

f seguro médico

3 Complete en el mapa mental con las palabras del recuadro.

▶ 9

resfriado	enfermo	mal	una pastilla	un jarabe	vitaminas	garganta	oídos
muelas	estómago	tos	diarréa	fiebre	una alergia a	en casa	en cama	una pierna
			un brazo	unas gotas	un protector solar			

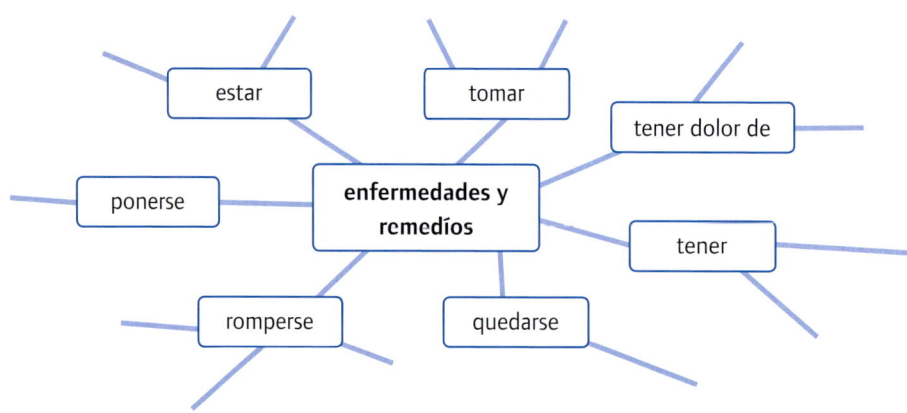

Gramática

4 Lea la poesía. Ponga las las frases en imperativo.

▶ 12

QUEDA PROHIBIDO (Ab sofort ist es verboten …)

Queda prohibido llorar sin aprender,   *No llores sin aprender,*

levantarte un día sin saber qué hacer,

tener miedo a tus recuerdos.

Queda prohibido no sonreír a los problemas,   *Sonríe a los problemas,*

no luchar por lo que quieres,

abandonarlo todo por miedo,

no convertir en realidad tus sueños.

Queda prohibido no buscar la felicidad,

no vivir tu vida con una actitud positiva,

no pensar en que podemos ser mejores,

no sentir que sin ti este mundo no sería igual.

Alfredo Cuervo Barrero

5 Busque los imperativos.

▶ 14

V	E	N	S	P	O	N	G	A	T
A	Z	H	A	F	A	S	I	V	E
Y	D	I	L	E	V	D	T	E	N
A	I	A	G	Z	P	A	I	N	G
N	G	O	A	V	O	U	Y	G	A
C	A	L	D	E	N	S	T	A	S
I	S	S	S	N	H	A	Z	N	H
H	A	G	A	N	B	L	I	G	A

1. tú / dar
2. no tú / decir
3. tú / ir
4. uds. / dar
5. ud. / ir
6. tú / decir
7. no uds. / venir
8. tú / hacer
9. no uds. / hacer
10. tú / poner
11. ud. / decir
12. tú / salir
13. no tú / tener
14. tú / tener
15. ud. / salir
16. tú / venir
17. no ud. / poner
18. uds. / ir

6 Complete. Está en el centro de salud. ¿Qué le dicen?

▶ 8

El médico le dice al paciente:

	usted	tú
dar (a mí) la tarjeta de seguro médico	*Deme la tarjeta.*	*Dame*
venir por aquí		
esperar aquí en la sala		
pasar		
sentarse		
quitarse la camiseta		
respirar hondo		
tomar los medicamentos		
descansar el fin de semana		
dormir mucho		
no comer cosas grasas		
venir otra vez el martes		

7 a Forme el mayor número de frases posible.

▶ 14

tú	pedir	la ciudad
usted	descubrir	una fiesta para los compañeros
ustedes	comprar	una carta para una amiga
	leer	temprano
	preparar	una historia a los niños
	vender	un favor a un amigo
	escribir	el coche a su jefe
	levantarse	un regalo a su hermana

7 b Utilice frases de 7a y sustituya los complementos por el pronombre correspondiente. Después, transfórmelas en
▶ 12   negativas.

1. *Lean una historia a los niños.* → *Léansela.* → *No se la lean.*

2. _____

3. _____

4. _____

5. _____

6. _____

7. _____

8. _____

9. _____

8   Complete.

▶ 14   1. No _____ (comer / tú) el helado tan frío.

2. No_____ (bañarse / vosotros) después de comer.

3. No _____ (ver / tú y Pepe) la tele antes de terminar el ejercicio.

4. No _____ (encender / ustedes) el ordenador.

5. No _____ (salir / usted) sólo por la noche. Es peligroso.

6. No _____ (llamar / usted) al chamán, pues no cree en estas cosas.

7. No _____ (mirar / tú) intensamente a nadie, puede hechizarte.

Comunicación y mediación

9   ¡Un chiste! Ordene el diálogo del paciente con el médico.

▶ 9   ☐ ¿Y le molesta a su esposa?

☐1☐ En la consulta un paciente muy preocupado le dice al médico:

☐ ¿Que no es ningún problema? ¡¡Ya me han despedido de cinco puestos de trabajo!!

☐ Doctor, ronco (*schnarchen*) demasiado fuerte.

☐ ¿Entonces duerme sólo? Pero entonces no es ningún problema …

☐ No estoy casado.

10 Ordene el cómic y rellene los bocadillos vacíos.

1. Me duele aquí, aquí, aquí y aquí.

2. ¡Ya sé lo que te pasa!!

3. ¡A ver! ¿Dónde te duele?

4. Señora, lo que le pasa a su hijo es que le duele el dedo.

5. Doctor, no sé que le pasa a mi hijo, le duele todo.

11 ¿Cómo se dice en español?

▶ 16

1. Heute morgen habe ich mich übergeben. _____

2. Ich niese den ganzen Tag. _____

3. Ich glaube, ich habe zu niedrigen Blutdruck. _____

4. Muss ich operiert werden? _____

5. Meine Tochter hat eine Blinddarmentzündung. _____

Lectura y redacción

12 a ¿Qué opina usted? Marque con una cruz.

	V	F
1. El sistema de sanidad pública[1] en España es gratuito.	☐	☐
2. En Alemania hay más médicos por habitante que en España.	☐	☐
3. Cada paciente puede elegir el médico que desee.	☐	☐
4. Los pensionistas tienen que pagar los medicamentos[2].	☐	☐

1 la sanidad pública: öffentliches Gesundheitswesen   2 el medicamento: Medizin

12 b Lea el texto y compruebe sus respuestas.

El Sistema de Sanidad en España

La Constitución española garantiza a todo residente[1] un sistema de sanidad gratuito.

El número de médicos en España actualmente es de 4,4 por cada mil habitantes, y es superior al de la mayoría de los países en la Unión Europea. Por otro lado el número de camas en los 800 hospitales es inferior a la media europea: España tiene 4 camas por cada 1000 habitantes, Francia 9,1, Alemania 7,5 y Dinamarca 5 por cada mil habitantes.

La Red de Ambulatorios

En España si desea ir al médico de cabecera[2] tiene que ir a los Ambulatorios o Centros de Salud o Asistencia Primaria de su barrio. No puede elegir otro centro. Allí debe pedir cita o bien en persona o por teléfono. El sistema es parecido al de las policlínicas en la antigua RDA.

Los horarios de los Centros de Salud son muy diferentes de un ambulatorio a otro. Los ambulatorios grandes pueden estar abiertos desde las 8 hasta las 20 h. En lugares más pequeños o pueblos el horario es mucho más limitado[3].

Si usted desea ir a un especialista siempre tiene que ir primero a su médico de cabecera y este le dará un volante[4]. El especialista no lo puede elegir usted, le es asignado[5]. Un gran problema es que algunos pacientes tienen que esperar semanas hasta que les dan una cita con el especialista y, para poder operarse en el hospital, a veces hasta meses.

Los medicamentos son gratis para los pensionistas y algunos enfermos con enfermedades crónicas. El resto de los pacientes tiene que pagar el 40 % del importe.

1 **el residente:** Einheimische und Personen mit einer gültigen Aufenthaltserlaubnis in Spanien
2 **el médico de cabecera:** Hausarzt

3 **limitado:** beschränkt
4 **el volante:** Überweisung
5 **asignar:** zuweisen, zuteilen

12 c Informe ¿Cómo es en su país?

| sistema sanitario   especialistas   medicamentos   horarios   hospitales |

En mi país cuando estoy enfermo

Vocabulario

1 **Ordene en el mapa mental.**

▶ 2

> triste   asco   un disgusto   contento   reír   miedo   los poemas de amor   de terror   las obras de teatro
> las películas policiacas   las películas de terror   las comedias   el tango

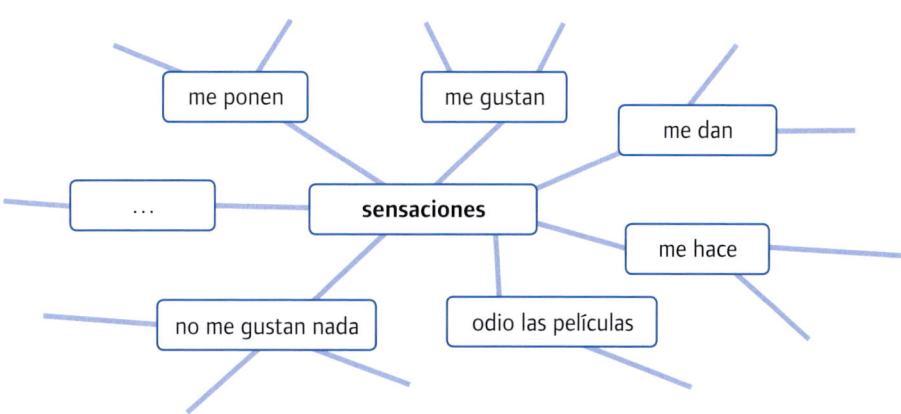

me ponen

me gustan

me dan

...

sensaciones

me hace

no me gustan nada

odio las películas

2 **Busque los conceptos en la sopa de letras.**

▶ 3

I	N	D	I	G	E	N	A	S	S	C
B	E	C	A	U	F	M	S	U	R	U
R	X	A	I	N	O	B	R	A	U	A
A	I	P	E	R	N	S	O	D	R	D
N	L	I	G	U	A	L	D	A	D	R
N	I	T	R	A	R	I	S	O	R	O
B	O	A	R	U	D	M	E	N	T	S
O	N	L	U	C	H	A	R	T	E	R
E	X	P	O	S	I	C	I	O	N	T
T	R	A	S	L	A	D	A	R	S	E

1. Las personas que vivían en America antes de la llegada de los españoles son los _____ .

2. Los pintores pintan _____ .

3. Recibo dinero del Estado para poder estudiar. Esto es una _____ .

4. El conjunto de trabajos de un artista es su _____ .

5. Cada país tiene una. La de Argentina es Buenos Aires. Esa es la _____ del país. La misma palabra en masculino significa «lo que uno posee».

6. Estancia en un país extranjero sin poder regresar al propio, generalmente por motivos políticos. Esta estancia se llama _____ .

7. Se ha luchado mucho por la _____ del hombre y de la mujer.

8. Los pintores enseñan su obra en un museo o una galeria. Esto es una _____ .

9. Las mujeres han tenido que _____ para obtener los mismos derechos que los hombres.

10. Cambiarse de un lugar para otro se dice también _____ .

3 **¿Cómo se dice en español?**

▶ 9

4 a **¿Dónde se encuentran las partes de este cuadro?**

▶ 9 **Complete con el número.**

1. el primer plano   4. la izquierda

2. el fondo   5. la parte de arriba

3. la derecha   6. la parte de abajo

4 b **Ahora describa lo que ve en cada parte.**

1. En primer plano _____

2. En el fondo _____

3. A la derecha _____

4. A la izquierda _____

5. En la parte de arriba _____

6. En la parte de abajo _____

Gramática

5 a **¿Qué significan las siguientes perífrasis verbales? Traduzca.**

▶ 6

1. ir a + infinitivo _____

2. acabar de + infinitivo _____

3. dejar de + infinitivo _____

4. volver a + infinitivo _____

5. empezar a + infinitivo _____

6. tener que + infinitivo _____

7. hay que + infinitivo _____

8. soler + infinitivo _____

5 b Introduzca la perífrasis del ejercicio anterior que convenga.

1. Mañana Felipe _____ ir al cine.

2. _____ ver a tu hermano en el colegio.

3. Ha _____ fumar y está muy contento.

4. _____ jugar todos los domingos.

5. Ha _____ jugar a las cartas.

6. ¡Es una pena! Ha _____ fumar.

7. Todos los fines de semana _____ ir al campo.

8. _____ terminar el trabajo antes de las seis.

6 Traduzca.

▶ 8

1. + Meine Lieblingsfarbe ist grün. Und deine? _____

   – Meine ist rot. _____

2. + Bei uns zu Hause haben wir viele Bücher über Kunst. _____

   – Bei uns nicht. _____

3. + Unsere Lieblingsmalerin ist Remedios Varo. _____

   – Unsere ist Frida Kahlo. _____

4. + Seine Fotos sind schwarz-weiß. _____

   – Deine sind in Farbe, oder? _____

Comunicación y mediación

7 Su amigo le invita a ver una exposición de su pintor preferido. Antes de ir usted se informa.

▶ 9

Sie fragen,

1. in welchem Stil er malt. _____

2. welche Themen er behandelt. _____

3. welche Farben dominieren. _____

4. welche Bilder ihn berühren. _____

5. wie sein Lieblingsbild aussieht. _____

6. was er gar nicht mag. _____

8 a Mire el dibujo y diga qué sienten a estas personas.

▶ 2

Marisa

_____

_____

María Jesús

_____

_____

Julia

_____

_____

Sofía

_____

_____

Marta

_____

_____

Teresa

_____

_____

8 b Justifique los sentimientos de 8a utilizando porque.

1. *Marisa está contenta porque ha visto a Miguel.* _____

2. _____

3. _____

4. _____

5. _____

6. _____

Lectura y redacción

9 Reflexione.

¿Qué pintores latinoamericanos conoce? _____

¿De qué países son? _____

¿Cómo describiría su pintura? _____

¿Qué pinta? _____

¿Cómo pinta? _____

10a Lea el texto.

Manuel Gibaja Gonzáles nació el 17 de abril de 1945 en Cusco. Desde muy joven se interesó por la pintura en todas sus facetas. Es así como Manuel Gibaja no es solo un excelente pintor, sino también escritor e investigador comprometido y preocupado en llevar la cultura de su país a otros países. Con este fin ha escrito para periódicos, ha participado en programas de televisión, y ha sido director y editor durante ocho años del suplemento cultural «Forma» editado en el Diario de Cusco. En 1985 fundó IMAPIMUSPO, un evento cuyas siglas significan «Imagen, Pintura, Música y Poesía». Durante una semana Cusco se llenaba de artistas de todo el mundo que presentaban sus obras en la ciudad.

Como pintor Manuel Gibaja utiliza preferentemente la acuarela. Pinta los sucesos de su tierra, retrata a personajes de la calle y les da vida. El mismo dice: «Me gustan las escenas cotidianas, rebosantes de naturalidad (…) Pinto esos rostros que han dejado de ser anónimos, pues es gente a la que conozco y se convirtieron en mis silenciosos amigos, porque estoy prendado de sus realidades, de sus vidas, sus fiestas, sus danzas tristes o alegres, paganas o religiosas (…)»

Gibaja no intenta solamente retratar paisajes o personajes, le interesa penetrar en los detalles, en las realidades escondidas en cada uno de ellos.

Este hombre, que se define a sí mismo como «sencillo, generoso y amante de la libertad», ha llevado su pintura fuera de su querido Cusco haciendo exposiciones en Lima (Perú), Quito (Ecuador), Arica (Chile), Buenos Aires (Argentina), La Paz (Bolivia), Dresde (Alemania), Turín (Italia), Lausanne (Suiza), Insbruk (Austria), y ha expuesto colectivas en los Estados Unidos y Japón.

10b Marque con una cruz.

	V	F
1. A Manuel Gibaja le gusta mucho pintar lo que ve.	☐	☐
2. Gibaja utiliza preferentemente la acuarela.	☐	☐
3. La pintura de Gibaja es sólo conocida en Perú.	☐	☐

11 Ha estado en una exposición de su pintor preferido. Escríba una carta a un amigo e infórmele.

_____

_____

_____

_____

_____

_____

_____

_____

_____

Unidad 13 ¡Muchas felicidades!

Vocabulario

1 Los rituales en los países hispanos. Complete con la palabra que falta.

▸ 4

1. El día de _____ a las doce de la noche los españoles comen doce

   _____ .

2. El día 24 de diciembre se llama _____ .

3. En febrero se celebra _____ . Yo siempre _____ de

   princesa.

4. En Venezuela, en Nochevieja, se escriben todos los deseos en un papel y dicen que

   se _____ .

5. En México se encienden velas para _____ a los malos espíritus.

6. Para encontrar al amor de tu vida tienes que llevar _____ roja.

2 ¡Un accidente! Se han borrado algunas letras.

▸ 13 **Complete con el presente de subjuntivo.**

> **¡RECUERDA!**
>
> Bei einigen Verben ändert sich die Schreibweise.

pagar – nosotros pa____mos

coger – tú co____

sacar – ella sa____

llegar – ellos lleg____

haber – ellos ha____

comunicar – yo comuni____

tener – ellas ten____

venir – él ven____

conocer – yo cono____

Gramática

3 Complete la tabla con el presente de subjuntivo.

yo	tú	ella	nosotros	vosotras	ellas
_____	*conozcas*	_____	_____	_____	_____
_____	*tenga*	_____	_____	_____	_____
_____	_____	_____	*comuniquemos*	_____	_____
_____	_____	_____	_____	*hagáis*	_____
_____	_____	_____	_____	_____	*salgan*

4 ¿Qué le desea Juan a su familia y a sus amigos? Utilice las expresiones *ojalá*, *espero que*, *quiero que* …

▶ 7

Espero que a Max le toque la lotería y pueda comprarse un ferrari.

_____

_____

_____

_____

_____

_____

5 Elija la preposición correcta.

▶ 3

| por | de | en | a | con |

1. _____ supuesto voy el sábado _____ tu fiesta.

2. Bienvenidas _____ Madrid.

3. Estamos muy orgullosos _____ ti.

4. Me alegro mucho _____ poder celebrar con vosotros ese día.

5. No os preocupéis _____ Felipe. Lo he visto en el centro y está muy contento _____ el nuevo trabajo.

6. Qué pena que no nos veamos _____ la fiesta de Quique.

7. Que te diviertas _____ tu amiga.

8. Te deseamos mucho éxito _____ la nueva empresa.

9. Te felicito _____ el éxito que ha tenido tu libro _____ todo el mundo.

10. Esperamos que os divertáis mucho _____ el regalito.

6 a Busque formas de presente de subjuntivo de los verbos ser, estar, saber, ir, ver y sepárenlas con una linea.

▶ 11

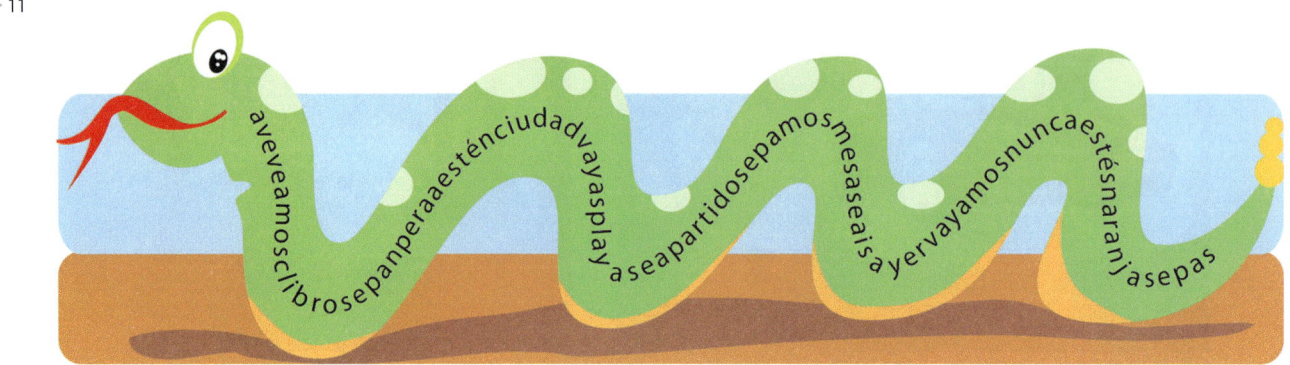

6 b Complete la frase con uno de los verbos del ejercicio anterior.

▶ 11

1. Espero que _____ a Felipe en la fiesta.

2. Para que los niños no _____ que sus padres son los Reyes, se ponen los regalos por la noche.

3. Tengo que hablar con Mario. Espero que _____ en casa.

4. Espero que el examen no _____ muy difícil.

5. Ojalá _____ felices en vuestra nueva casa.

6. Espero que tú _____ mañana a la oficina de Pepe.

7 a Lucía prepara una fiesta. Lea los mensajes y subraye los objetos directos.

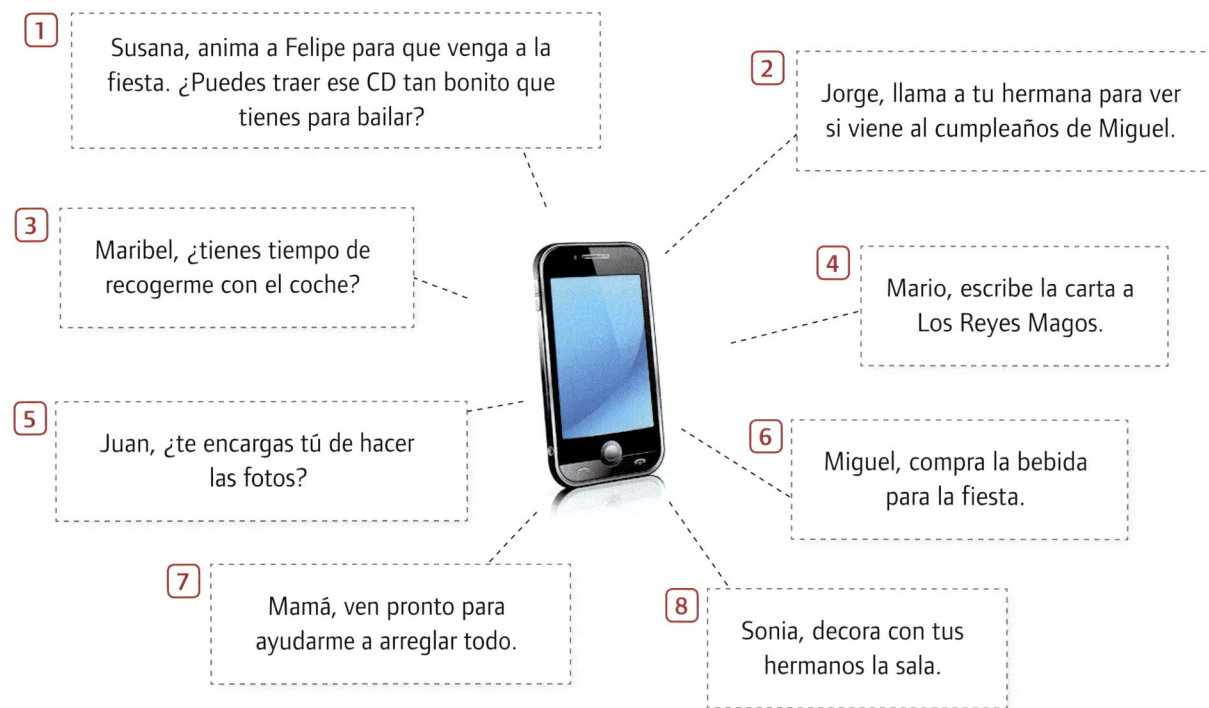

7 b Lucía espera que todo salga bien. Transforme los imperativos anteriores en frases con subjuntivo.

espero que

para que

ojalá

quiero que

Espero que Felipe venga a la fiesta y que Susana traiga el CD.

_____

_____

_____

_____

_____

8 Complete con el tiempo correcto.

▸ 15

1. Mis padres quieren que _____ (estudiar) arquitectura.

2. He comprado suficiente para que _____ (poder / nosotros) comer juntos.

3. Mario quiere que sus padres le _____ (comprar) un coche.

4. Ojalá _____ (dormir / él) hoy bien.

5. Esperamos que todo _____ (salir) bien.

6. – ¿Para qué me das el libro? + Para que lo _____ (leer / tú).

7. Todos esperamos que nos _____ (tocar) el gordo alguna vez.

8. Ojalá _____ (venir) mi hermano a visitarme.

9. Espero que a Luis le _____ (gustar) el regalo que le hemos comprado.

10. He llamado a Quique para que _____ (traer) las fotos de Chile.

9 Elije la forma correcta.

▸ 15

1. Te llamo para que no **lleges** / **llegues** tarde.

2. Juan, aquí está la carta para que **traducas** / **traduzcas** las frases.

3. ¡Espero que tú **sepa** / **sepas** la dirección!

4. Ojalá que **tengáis** / **tengais** tiempo de descansar.

5. Ana quiere que **vayáis** / **vais** al cine con ella.

6. Espero que **termina** / **termine** pronto la carrera.

7. Tengo que ir al banco. Ojalá no **hay** / **haya** mucha gente.

8. Pasa por mi casa para que **tomamos** / **tomemos** un cafecito juntos.

Comunicación y mediación

10 ¿Qué le dice a las siguientes personas?

▶ 6

_____ _____ _____

_____ _____ _____

11 Noemí escribe una carta a los Reyes Magos. Utilice las expresiones del recuadro.

▶ 11b

> Ojalá … Quiero que … Espero que … … para que … Yo pienso que … Mis padres quieren que … pero yo …

Queridos Reyes Magos: _____ ☆ ☆ ☆

Yo soy Noemí y vivo _____

_____

_____

_____

_____

_____

_____

Un abrazo muy fuerte, _____

Noemí

12 En una fiesta. ¿Cómo lo dice?

▶ 6

1 Sie erheben das Glas und trinken auf das Wohl Ihrer Freundin.	2 Sie bedankt sich und trinkt auch auf Ihr Wohl.
3 Sie fragen, ob sie Wünsche für das Neue Jahr hat.	4 Sie sagt viele, aber ins besondere Gesundheit für ihre ganze Familie.
5 Sie wünschen ihr viel Glück für ihren neuen Job.	6 Sie bedankt sich und wünscht Ihnen einen Lottogewinn, damit Sie endlich Ihre Weltreise machen können.

Lectura y redacción

13 a Lea el texto sobre la Navidad.

La Navidad en España y en Alemania

La Navidad no solo es una fiesta cristiana. Ya los pueblos paganos[1] celebraban esta fecha. Es el solsticio de invierno[2]. Es una fiesta con mucha historia y tradición y todos los países la celebran un poco diferente. Por eso, aquí vamos a hablar sólo de las costumbres en España y en Alemania.

El Adviento, la fase de preparación a la llegada de Jesús, se celebra en Alemania con ciertas tradiciones que no existen en España. En España no hay coronas ni calendarios de adviento.

El día 6 de diciembre es festivo, es el Día de la Constitución, pero no se celebra el día de San Nicolás. Los niños no reciben regalos este día.

Las familias decoran las casas con un «Belén»[3], aunque el árbol de Navidad es cada vez más popular.

El día 22 los españoles esperan con impaciencia que los niños de San Ildefonso canten los números de la lotería de Navidad para ver si les ha tocado el «gordo».

En Nochebuena (24) toda la familia cena junta. Se come generalmente pavo o pescado. Después de la cena se come turrón y polvorones y se bebe cava. Se cantan villancicos, canciones populares de Navidad muy conocidas y alegres. Tradicionalmente no hay regalos este día como en Alemania. Después de la cena mucha gente va a la iglesia a la Misa de gallo[4], tradicionalmente a las 12 de la noche.

El día 25, el día de Navidad, es festivo, pero no el 26, el día de San Esteban.

El día 28 es el día de los Santos Inocentes[5]. En este día se hacen «inocentadas», que son bromas[6]. Es como en Alemania el 1 de abril.

El día 31 es el día de Nochevieja. Mucha gente cena en casa con la familia y después sale con los amigos a la calle para celebrar Año Nuevo.

A las doce en punto los españoles toman con las campanadas las doce uvas, una uva para cada mes. Se llaman «uvas de la suerte», pues si las comes todas al ritmo de las campanadas, vas a tener mucha suerte.

El día 1 es Año Nuevo. En algunas regiones los niños salen a pedir por las calles.

Pero la gran fiesta de los niños es el día 6 de enero, el día de los Reyes Magos.

El día 5 de enero por la noche, los niños colocan delante de la puerta sus zapatos esperando encontrarlos llenos de regalos al día siguiente. Y por las calles se pueden ver las cabalgatas donde Melchor, Gaspar y Baltasar se pasean en carrozas y les tiran caramelos a los niños.

El día 6 de enero se come un bizcocho especial, en el que hay una figurita dentro, que se llama Roscón de Reyes.[7] El que encuentre la figurita tiene suerte durante todo el año.

---

1 **pagano:** heidnisch

2 **el solsticio de invierno:** Wintersonnenwende

3 **el belén:** Krippe

4 **la Misa del Gallo:** Mitternachtsmesse

5 **los Santos Inocentes:** Die unschuldigen Kinder

6 **la broma:** Späße

7 **el roscón de Reyes:** Königskuchen

---

13 b Responda.

1. ¿Qué celebraban los pueblos paganos?
2. ¿Cómo celebran los españoles la Nochebuena?
3. ¿Qué se hace el día de los Santos Inocentes?
4. ¿Por qué es el día de los Reyes Magos muy importante para los niños?
5. ¿Cuándo se come el Roscón de Reyes?

Unidad 14   Ferias y mercados

Vocabulario

1 **Complete.**

▶ 1

1. El Rastro, en Madrid, es un _____ donde se venden cosas _____ y

   _____ .

2. La Feria de Medellín es una feria de _____ .

3. El Tianguis cultural El Chopo, en México, es un mercado de _____ y _____ .

2 **¿Cómo se llaman los siguientes objetos?**

▶ 4

_____   _____   _____   _____

3 **Elija la respuesta correcta.**

▶ 4

1. El bolso es de
   a) ☐ cuero.
   b) ☐ plata.

2. El anillo es de
   a) ☐ seda.
   b) ☐ oro.

3. Las copas son de
   a) ☐ cristal.
   b) ☐ algodón.

4. El mantón es de
   a) ☐ seda.
   b) ☐ plástico.

5. La chaqueta es de
   a) ☐ lana.
   b) ☐ madera.

6. las gafas son de
   a) ☐ plástico.
   b) ☐ lana.

7. La corbata es de
   a) ☐ seda.
   b) ☐ oro.

8. La mesa es de
   a) ☐ algodón.
   b) ☐ madera.

4 **Lea y complete con la palabra que se busca.**

▶ 5

1. Cuando algo es muy barato se dice que es una _____ .

2. Cuando algo tiene mucho valor se dice que es muy _____ .

3. Algo que no cuesta mucho es _____ . Lo contrario es _____ .

4. Las cosas hechas por las personas mismas se dice que están hechas _____ _____ .

5. Las cosas que se ofrecen en los mercadillos a veces no son nuevas son de _____

   _____ .

5 **Combine.**

▶ 12

1. agencia
2. repartir
3. canguro
4. en todas

a) a domicilio
b) partes
c) turística
d) de confianza

Gramática

6 ¿Qué busca? Combine y haga frases.

▶ 12

… un perro que me	estar	todos los días.
… un libro que	hacer	conmigo chino.
… una persona que	acompañar	conmigo los domingos al museo.
… un joven que me	ser	las compras.
… una persona mayor que	estudiar	mis hijos del colegio.
… muebles antiguos que	recoger	interesante.
… una persona que	ir	bien conservados.

Ejemplo: *Busco un perro que me acompañe todos los días.*

7 Complete el texto.

▶ 12

Para:

☰▾ Asunto:

Querida Marta:

Te escribo esta carta porque necesito un consejo. Ya sabes que estoy buscando cosas para mi nuevo piso. Pero

no puedo decidirme. Para el comedor busco una lámpara que _____ (ser) moderna y

_____ (ir) bien con el sofá. ¿Conoces alguna tienda que _____ (vender) lámparas

bonitas?

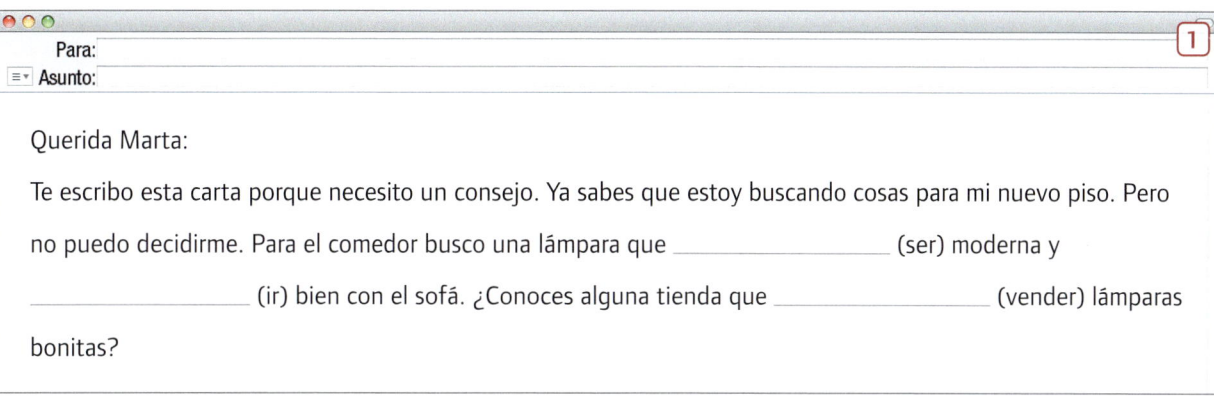

Busco una bici que _____ (estar)
en buen estado y que _____ (ser)
de color rojo. Necesito que _____
(tener) ruedines (*Stützräder*).

Busco chico que _____
(querer) aprender a bailar salsa
conmigo. Teléfono 91 45 89 23

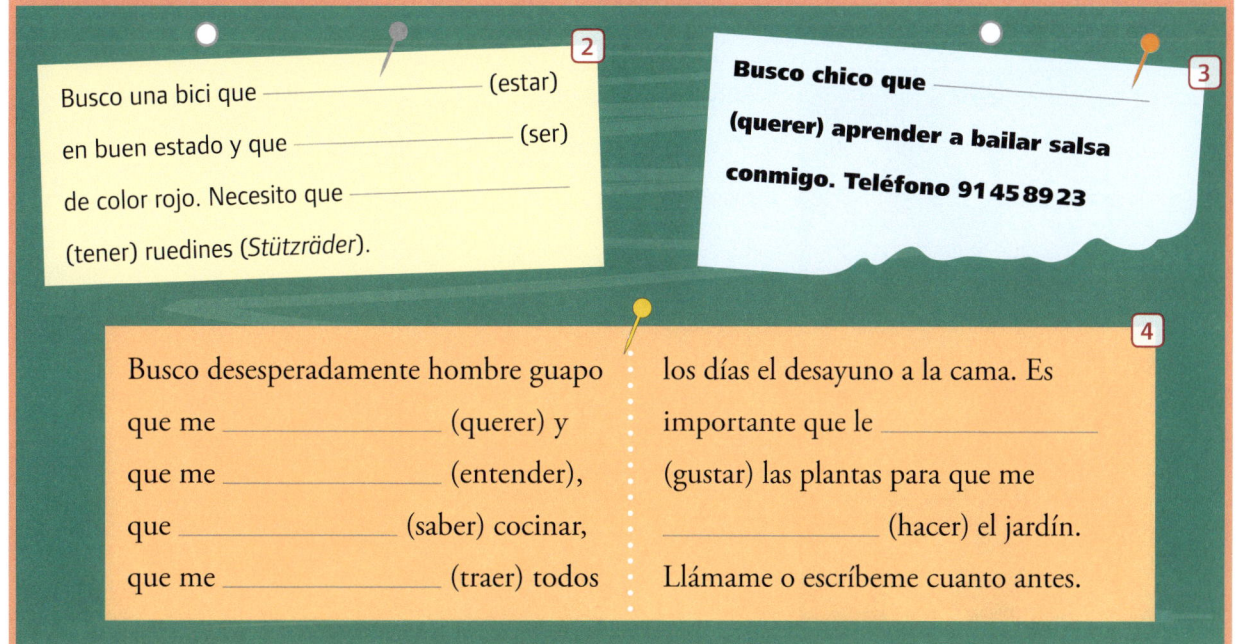

Busco desesperadamente hombre guapo
que me _____ (querer) y
que me _____ (entender),
que _____ (saber) cocinar,
que me _____ (traer) todos

los días el desayuno a la cama. Es
importante que le _____
(gustar) las plantas para que me
_____ (hacer) el jardín.
Llámame o escríbeme cuanto antes.

8 Complete con la persona del presente de subjuntivo correspondiente.

▶ 17

1. él / entender _____

2. yo / conocer _____

3. nosotros / dormir _____

4. ellos / pedir _____

5. tú / buscar _____

6. ustedes / tener _____

7. ella / buscar _____

8. vosotros / traer _____

9. nosotras / poder _____

10. tú / dormir _____

9 Complete con ir o venir.

▶ 9

1. – ¿A dónde _____ (tú) con ese bolso?

   + _____ al gimnasio.

2. – Ana, Miguel y yo _____ al museo a ver una exposición de pintura latinoamericana.

   ¿_____ con nosotros?

   + Lo siento, pero no podemos. Hemos quedado para _____ al cine con David.

3. – Rosa, ¿de dónde _____ a estas horas?

   + Del Rastro. ¡Había tanto que ver!!!

4. Ha llamado Juan y dice que este fin de semana no puede : _____ a Madrid a visitarnos.

5. ¿Cuándo _____ (tú) a sacar de paseo a Fifi?

6. – ¿A qué hora _____ la secretaria que estaba buscando trabajo?

   + Le he pedido que se presente a las cuatro.

7. – ¿De dónde _____ (tú)?

   + Del jardín. He estado trabajando para Doña Lola.

10 Mire los dibujos y complete con llevar o traer.

▶ 9

Antonia: Mamá, ¿me _____ al centro en coche?

Madre: Vale, yo te _____ . Y ¿quién te _____ a casa?

Mari, no _____ tanta ropa. Ya sabes que en París vas a ir de tiendas y vas a comprarte como siempre muchas cosas y _____ dos maletas más a casa.

11 **Complete el texto con las formas verbales correspondientes de ir, venir, llevar y traer.**

▶ 9

La secretaria del señor Gómez

Sara Suárez es la secretaria del señor Pérez. Su trabajo no es nada fácil, pues el Sr. Pérez necesita mucha atención …

Durante todo el día está llamando a Sara y la pobre no para.

Generalmente el señor Pérez siempre necesita algo de Sara …

«Sara,quiero que _____ a mi oficina, te necesito, y que me _____ de paso un café. Y

mira, he terminado esto para que _____ a Correos y _____ todo.

¿Puedes llamar a Felipe para que _____ media hora más tarde a la reunión? Y ojalá que

_____ los documentos que le he pedido. ¿Puedes recordárselo? Y necesito a alguien que

_____ a ayudarme con el ordenador.

¡Ah! Sara, llama por favor a mi mujer porque esta noche no puedo _____ a cenar con ella. Tengo que

_____ le unos documentos a Juan. Y Sara, no te olvides de _____ a recoger las entradas

de teatro. ¿Me _____ otro café, por favor?»

A veces también dice cosas como «Qué falda tan bonita _____ ».

Sara está contenta, cuando al final del día su jefe le dice:

«Sara, por hoy es todo. Puedes _____ a casa.»

Comunicación y mediación

12 **Relacione.**

▶ 3

1. ¿Conoces El Rastro?	a) Sí, me encantan. Disfruto mucho del ambiente.
2. ¿Y te gustan los mercadillos?	b) No sé. Quizás ropa interior.
3. ¿Has comprado algo en un mercadillo?	c) Claro, es uno de los mercadillos más antiguos de Madrid.
4. ¿Hay algo que nunca comprarías allí?	d) Sí, algún libro, algún CD y una camiseta del Madrid.

13 **¿Cómo se dice en español?**

▶ 19

1. Sie rufen einen Freund an und fragen ihn, ob er zur Party einige CDs mitbringen kann.

_____

2. Sie teilen mit, dass Sie heute zu Pablo fahren und ihm den Einkauf bringen, denn er ist krank und kann nicht raus-
   gehen.

_____

3. Eine Freundin zeigt Ihnen eine neue Brille, die sie im Rastro gekauft hat. Sie fragen, ob sie neu oder alt ist.

_____

4. Sie erzählen, dass Sie Ihr altes Fahrrad gegen ganz neue Inliner getauscht haben.

_____

5. Ein Freund teilt Ihnen mit, dass er die Idee mit der Zeitbank ganz toll findet. _____

6. Sie fragen Ihren Nachbarn, ob er wusste, dass die Atzteken mit Kakaobohnen bezahlten. _____

Lectura y redacción

14 a Lea el texto.

Trueques y cambios

En un momento de crisis han surgido en España muchos mercados de trueque, tanto en forma de mercadillos como en digital. Y, ¿qué se puede cambiar? Pues desde una camiseta que ya no le gusta hasta un piso que le resulta demasiado grande. Cada uno lo que necesite. Así surgió el mercadillo de Arenales en Las Palmas de Gran Canaria, o el digital de persona a persona. (http://www.depersonaapersona.es/c_Docencia_2.html). En 2007, en Jerez de la Frontera, una iniciativa de consumidores de productos ecológicos creó incluso una red de moneda local: el zoquito. Las personas que participan, están interesadas en crear un espacio económico alternativo que se utiliza como instrumento de intercambio sin ánimo de lucro. Siguen los siguientes principios:

– solidaridad
– justicia y
– sostenibilidad.

El zoquito es un buen ejemplo de la creatividad y solidaridad de la gente en épocas difíciles. Si desea informarse lo puede hacer en su página www.zoquito.org

14 b Marque con una cruz la respuesta correcta.

	V	F
1. Trueque significa intercambio.	☐	☐
2. En Jerez se ha creado una moneda para España.	☐	☐
3. El zoquito es el lugar donde se reúnen aficionados del zodiaco.	☐	☐
4. Se pueden intercambiar hasta pisos.	☐	☐

14 c Escriba qué le parecen estas iniciativas.

_____

_____

_____

_____

Unidad 15   Viaje al futuro

Vocabulario

1 Busque estas palabras en la sopa de letras.

▶ 4

P	R	O	N	O	S	T	I	C	O
R	E	M	A	F	E	C	T	A	R
E	C	E	O	B	Q	E	B	E	L
V	U	H	S	F	U	T	U	R	O
I	R	A	R	V	I	T	N	H	S
S	S	S	A	V	A	N	C	E	J
I	O	I	S	H	Q	N	F	X	R
O	L	D	H	U	Z	H	D	Z	H
N	V	A	C	U	N	A	K	C	A
I	N	U	N	D	A	C	I	O	N

1. *Prognose, Vorhersage* – el _____
2. *Vorhersage* – la _____
3. *Vorrat, Ressource* – el _____
4. *Imfpung* – la _____
5. *AIDS* – el _____
6. *Dürre* – la _____
7. *Überschwemmung* – la _____
8. *Betreffen* – _____
9. *Zukunft* – el _____
10. *Fortschritt, Errungenschaft* – el _____

2 Combine.

▶ 8

1. inteligencia
2. cambio
3. capa de
4. carro de la
5. dar un
6. libro

a) electrónico
b) ozono
c) compra
d) toque a alguien
e) climático
f) artificial

Gramática

3 Complete con las formas del futuro.

▶ 4

infinitivo	llegar	comer	dormir	decir	hacer	saber	poner
yo							
tú							
usted							
él/ella							
nosotros							
vosotros							
ustedes							
ellos							
ellas							

4 **Elija la forma correcta.**

▶ 6

1. Si la gente apaga los electrodomésticos no **gastaremos** / **gastemos** energía innecesaria.

2. Mucha gente no **podrá** / **podré** llenar la piscina de agua porque hay mucha sequía.

3. Si **hacemos** / **haremos** todo lo posible por conservar el planeta no **habremos** / **habrá** tantos problemas.

4. Si **usamos** / **usemos** leche solar, el sol no **seré** / **será** tan peligroso para nuestra piel.

5. Hoy solo **tendremos** / **tendramos** agua de 12 a 16 horas y de 19 a 22 horas.

6. **Viviremos** / **Vivimos** menos años y **nacerán** / **naceremos** menos niños.

5 **Escriba lo que suponen estas personas.**

▶ 7

¿Qué _____ (hacer)

Pepe ahora? _____ (estar) tomando el

sol.

¿Qué le _____ (pasar)?

_____ (tener) hambre?

¿Dónde _____ (estar) mi madre?

¿Qué _____ (haber) pasado? ¿Por qué

no _____ (llegar) el autobús?

_____ (Haber) un atasco.

Comunicación y mediación

6 **El futuro. ¿Cómo se dice en español?**

▸ 4

1. Sie vermuten, dass wir im Jahre 2036 fast zehn Millionen Einwohner auf der Welt sein werden.

_____

2. Sie sagen, dass der Klimawechsel uns alle betreffen wird: die Temperaturen werden steigen und es wird weniger regnen.

_____

3. Sie haben gelesen, dass es aufgrund des Wassermangels viele Konflikte geben wird.

_____

4. Sie glauben, dass es dank der Fortschritte in der Medizin in Zukunft weniger Konflikte geben wird.

_____

7 **Usted construirá la ciudad perfecta del futuro. ¿Cómo será?**

▸ 10

1. Los parques (ser) _____

2. En la ciudad (haber) _____

3. No (haber) _____

4. No (haber) _____ problemas _____

5. La gente _____ (vivir) _____

6. El cambio climático _____

7. Los animales _____

8 **Relacione.**

▸ 8

1. ¿Una tabla de surf con ordenador?   a) llaves para entrar en casa.
2. Me resulta raro pensar que no necesito   b) esquiar con un móvil incluido.
3. En el futuro te ofrecerán ropa de   c) ¿Para qué? Yo quiero disfrutar del mar.
4. No necesito un coche que me señalice   d) cómo está de ánimo.

Lectura y redacción

9 **Prelectura. Responda.**

1. ¿Cuál piensa que es el factor principal de contaminación?

_____

2. ¿Qué alternativas hay a los recursos energéticos tradicionales, como petróleo, carbón, etc.?

_____

3. ¿Conoce algún residúo que pueda ser utilizado como fuente de energía?

_____

10a Lea los textos.

Los elefantes de Paignton contra el calentamiento global

El zoológico de Paignton, Reino Unido, ha decidido a participar contra el calentamiento global, contribuyendo a la reducción de dióxido de carbono. Se utilizarán las heces[1] de los elefantes para generar biogás que, al quemarse, producirá electricidad. Y esta será utilizada para alumbrar el zoo.

Nueva dieta para las vacas

Después del dióxido de carbono es el metano el gas de efecto invernadero más importante. Su reducción sería una gran ayuda contra el calentamiento global. Pero ¿sabía usted que una sola vaca produce entre 550 y 700 litros de metano al día? Científicos han probado que mezclando en su dieta oregano se reduciría en un 40 por ciento su emisión de metano y además producirían más leche. Además no se ha encontrado ningún efecto secundario perjudicial. Pues … ¡Que aproveche!

LA ACEITUNA, UN MULTITALENTO

La aceituna y su poder nutritivo se valoraba desde la antigüedad. En nuestros días se ha descubierto el valor del desecho[2] al hacer aceite de oliva: los huesos de las aceitunas[3] que son fuente de energía y purifican el agua.

Fuente de energía
En la provincia de Jaén un hotel de cuatro estrellas utiliza los huesos de aceitunas para calentar el agua y en la provincia de Málaga una piscina municipal utilizará huesos de aceituna y cáscaras de almendra[4] para calentar el agua y para la climatización. El combustible obtenido es de origen no fósil y tiene un nivel de contaminación nulo.

Purificar el agua
El ingeniero químico Germán Tenorio ha descubierto que el hueso de aceituna sirve para purificar el agua ya que absorbe los metales pesados.

---

1 **las heces:** Kot   2 **el desecho:** Abfall   3 **el hueso de la aceituna:** Olivenkern   4 **la cáscara de almendra:** Mandelschale

10b Responda.

1. ¿Qué tema tienen en común estos tres artículos?

_____

2. ¿Cuál es la solución que más le ha gustado y por qué?

_____

10c ¿Conoce alternativas parecidas? Escriba en su cuaderno.

Soluciones

Unidad 1 ¿Tienes algún hobby?

1a 1. María pasea por el campo. 2. Luis ve la tele. 3. Merce y Paula van a bailar a una discoteca. 4. Andrea juega al fútbol. 5. Antonio oye música. 6. Claudia y Nicolás van al cine.

2 montar a caballlo, en bici; hacer deporte, senderismo, gimnasia; jugar al fútbol, al baloncesto, a las cartas; ir al cine, al teatro, a la playa; tocar la guitarra, el piano, el violín; coleccionar sellos, tapas, postales, chapas de cava

3 1. Supongo que el hombre alto es el profesor de esquí. 2. Por un lado …, por otro lado … 3. Creo que Pedro colecciona chapas de cava. 4. Estoy de acuerdo. 5. Lo que más me interesa es la política. 6. Para mí, lo más importante es mi familia.

4 1. Es altísima. 2. Está riquísimo. 3. Es grandísimo. 4. Es famosísima. 5. Es carísimo. 6. Es dificilísimo.

5 1. Lo que más le gusta a Pablo son los ordenadores. 2. Lo que más les gusta a Nuria y Fernando es hacer submarinismo. 3. Lo que más nos gusta a Merce y a mí es bailar. 4. Lo que más te gusta a ti es pintar. 5. Lo que más os gusta a Sonia y a ti es hacer taichí. 6. Lo que más me gusta a mí es tocar la guitarra.

6 1. A mí me interesa hablar contigo. 2. A Antonio le encanta / le gusta mucho ir al teatro. 3. A tus padres les gusta jugar al ajedrez. 4. Nos gusta estar con la familia. 5. Me parece que Pedro es muy simpático. 6. A mi hermana le gusta navegar en Internet.

7 1. + ¿Hay un sombrero en la estantería? – No, no hay ninguno.
2. + ¿Hay unas gafas de sol en la mesa? – Sí, hay unas.
3. + ¿Hay alguna alfombra en el suelo? – No, no hay ninguna.
4. + ¿Hay un pantalón en la cama? – Sí, hay uno.
5. + ¿Hay alguna cámara en la estantería? – No, no hay ninguna, pero hay una en la mesa.
6. ¿Hay un vaso en la mesa? – No, no hay ninguno.

8 1–h; 2–g; 3–c; 4–e; 5–b; 6–d; 7–a; 8–f

9 1. ¿Tienes/Tiene muchos hobbis? 2. Sí, tengo varios. 3. Y ¿cuál es tu/su hobby preferido? 4. Lo que más me gusta es pintar. 5. ¿Puedo ver tus/ sus cuadros? 6. Sí, después del trabajo puedo enseñarle/enseñarte algunos. 7. Lo siento, pero hoy voy a correr con un amigo. 8. ¿Cuántas veces por semana corres/corre? 9. Dos o tres veces por semana. ¿Quiere/Quieres venir a correr la semana que viene con nosotros? 10. Lo siento, pero no me gusta mucho correr.

10 1. No, tiene 18.000 km². 2. Para niños, con o sin discapacidad. 3. Abre de octubre a marzo, de 11 a 18 horas y de abril a septiembre, de 11 a 21 horas. 4. La entrada única cuesta 3 euros. 5. Porque hay diferentes zonas que quieren desarrollar la imaginación y los sentidos.

Unidad 2 Antes era diferente

2 1–f; 2–c; 3–a; 4–e; 5–b; 6–h; 7–d; 8–g

3 c–1; d–2; h–3; e–4; a–5; b–6; f–; g–8

4 1. iba; 2. tenían; 3. eras; 4. veíais; 5. dormíamos; 6. salía; 7. hacía; 8. decían; 9. poníamos; 10. leía

5 1. Sara veía las noticias. 2. Sara se acostaba a las 19 horas. 3. Sara iba a la playa en verano. 4. Sara regaba las plantas todos los días. 5. Sara se ocupaba de los niños.

6 Antes tocaba la guitarra eléctrica, hoy prefiere ir a conciertos. Antes tenía el pelo largo, ahora lo tiene corto. Antes llevaba barba, ahora no. Antes se vestía como un hippie, ahora se viste muy elegante.

7 creer, glauben, creí, creíste, creyó, creímos, creísteis, creyeron; leer, lesen, leí, leíste, leyó, leímos, leísteis, leyeron; dormir, schlafen, dormí, dormisteis, durmió, dormimos, dormisteis, durmieron; pedir, bitten, bestellen, pedí, pediste, pidió, pidieron, pedisteis, pidieron; sentir, fühlen, sentí, sentiste, sintió, sentimos, sentisteis, sintieron

8 era; era; había; había; tenía; venía; tomábamos; empezaron; construyeron; estaba; se levantó; corrió; se duchó; llegó; hacíamos

9a me levanté; me duché; desayuné; salí; Llamé; me fui; compré; me dirigí; vi; se acercó; dijo; miré; decidimos; Fue; Paseamos; comimos; Volvimos; decidimos; Fue; cambió

9b quería; Hacía; Era; quería; era; había; era; Era; Tenía; podía; Conocía; Era; era; era; era; Fue; estaba

9c 1. pretérito perfecto; 2. pretérito imperfecto

11 1. Mimi no come ni carne ni pescado. Mimi ni come carne ni pescado. 2. Antonio y Juan no hablan ni inglés ni francés. Antonio y Juan ni hablan inglés ni francés. 3. A Quique no le gusta ni la playa ni el campo. A Quique ni le gusta la playa ni el campo. 4. Nosotros no viajamos ni en avión ni en barco. Nosotros ni viajamos en avión ni en barco. 5. Luisa no conoce ni París ni Londres. Luisa ni conoce París ni Londres. 6. La ahijada de David no sabe leer ni escribir. La ahijada de David ni sabe leer ni escribir.

12 1. Es presidente de Bolivia. 2. Nació en la comunidad de Isallavi. 3. Sus padres eran campesinos. 4. Era una casita de adobe y techo de paja. 5. Jugaba al fútbol.

Unidad 3 ¡Vamos a Centroamérica!

1 1–a; 2–f; 3–b; 4–e; 5–c; 6–d

2 1. preparar; 2. encontrar; 3. cambiar; 4. explicar; 5. construir; 6. buscar

3 terminar: cansado, de trabajar; montar: en burro, en bici; cambiar: de trabajo, de piso; tener: un hijo, ganas de; seguir: en contacto, todo recto; dar: un paseo, un beso; ponerse: a hacer, nervioso, la ropa; poner: música

4 1. cada vez; 2. desde temprano hasta tarde; 3. hacer bien; 4. por suerte; 5. de repente; 6. más de

5 1. La chica está en Guatemala desde el viernes. 2. El chico está en Perú desde hace un mes. 3. No estoy en México desde hace diez años. 4. No he visto a Miguel desde hace dos meses. 5. Estoy en Panamá desde hace una semana. 6. Estoy aquí desde el lunes.

6 1. hizo; 2. supimos; 3. vieron; 4. empecé; 5. llegué; 6. quise

7 comencé; llegué; organizaron; pagamos; jugué; comenzaste; llegaron; almorcé; cruzó; pagué; empezó; navegué; empezasteis

8 Pudiste; fue; gustó; fuimos; estuvimos; pasamos; vimos; escribió; tuvo; enseñaron; Aprendió; viajó; empezó; vivió; aprendió; conoció; Fue; estuvo; vieron; cenaron; fue

9 1. María le dio una carta de sus padres la semana pasada. 2. Anoche nosotras nos pusimos a escribir un cuento para niños. 3. Tino y Pilar montaron en burro por primera vez el año pasado. 4. ¿Juan y tú fuisteis el verano pasado a Cuba? 5. Maite y Luis dijeron que iban a hacer ecoturismo. 6. El ahijado de Quique no pudo venir a la reunión. 7. Tú no estuviste ayer en la reunión de la ONG. Yo llegué tarde a la reunión. 9. ¿Visteis ayer la película sobre vacaciones activas?

10 1. El mes pasado viajé por motivos laborales a Argentina. 2. Estuve en Tikal en 2010. 3. En verano me picó una medusa y fue horrible. 4. En las últimas vacaciones vi un papagayo. 5. Tengo un ahijado en Guatemala. 6. En Costa Rica hablé y aprendí mucho español. 7. Dormí en una cabaña que estaba a diez metros del mar. 8. Fue una experiencia inolvidable.

11 1–f; 2–c; 3–a; 4–d; 5–b; 6–e

12 1. región de bosques; 2. dos; 3. maya; 4. café, tabaco, algodón, plátano y patatas; 5. maíz; 6. tortillas

13 b 1. Es un refugio natural en la costa del Caribe. 2. En Costa Rica. 3. La temporada seca: febrero, junio, septiembre y octubre. 4. Cocodrilos. 5. Deportes acuáticos.

Unidad 4 Islas Afortunadas

1 2. ser listo/-a – *klug sein* – estar listo/-a – *bereit sein*; 3. ser tonto/-a – *dumm sein* – estar tonto/-a – *neben der Spur sein*; 4. ser inteligente – *Intelligent sein* – *mit* estar *nicht möglich*; 5. ser nervioso/-a – *eine nervöse Person sein* – estar nervioso/-a – *nervös sein*; 6. ser tranquilo/-a – *eine ruhige Person sein* – estar tranquilo/-a – *ganz ruhig sein*. 7. *mit ser nicht möglich* – estar de buen humor: *gut gelaunt sein*; 8. ser soltero/-a – Lateinamerika: ledig sein – estar soltero/-a – *Spanien: ledig sein*; 9. ser de Alemania – *aus Deutschland stammen* – *mit* estar *nicht möglich*; 10. ser malo/-a – *bösartig sein* – estar malo/-a – *krank sein*; 11. *mit ser nicht möglich* – estar relajado/-a – *entspannt*

sein; 12. *mit ser nicht möglich* – estar contento/-a – *froh, zufrieden sein*; 13. ser feliz – *ein glücklicher Mensch sein* – estar feliz – *im Moment glücklich sein*. 14. *mit ser nicht möglich* – estar en Alemania – *sich in Deutschland befinden.*

2 a 1–g; 2–b; 3–a; 4–d; 5–f; 6–c; 7–e

2 b 1. llamé; 2. no pasa nada; 3. no estoy para nadie; 4. mientras tanto; 5. justo; 6. para colmo; 7. dando vueltas

3 a 1. Marisa y Mario se encuentran en la calle. 2. Marisa ha perdido el autobús. 3. Marisa y Mario se despiden. 4. Marisa no se atreve a entrar en la calle porque está muy oscuro.

3 b 1. Marisa está contenta porque ha visto a Mario. 2. Marisa tiene rabia porque ha perdido el autobús. 3. Marisa y Mario están tristes. 4. Marisa tiene miedo.

4 visto; puesto; ido; dicho; hecho; leído; dormido; oído; dado; tomado

5 1. Hoy he visto a Natalia muy contenta. 2. Belén se ha presentado a un concurso en la tele. 3. Cristina ha ganado un crucero por el Mediterráneo. 4. Estoy nerviosa porque Marina todavía no ha llegado. 5. En Lanzarote hemos comido en un restaurante excelente.

6 has estado; ha encantado; has ido; podíamos; Era; habéis subido; Habéis pasado; hemos subido; hemos bajado; llamaban; habéis hecho; hemos subido; hemos ido; había; hemos decidido; hemos comprado; habéis estado

7 1. Lo siento, pero hoy no tengo tiempo. 2. Mira, no te enfades, pero es que no le dejo el coche nunca a nadie. 3. Mira, lo siento, pero no puedo llevarte al aeropuerto, es que estoy enfermo. 4. Lo siento pero es que mi amigo tiene entradas para un partido y si ahora le digo que no voy se va a enfadar. 5. Yo no quiero ir a comprar, es que hoy prefiero ir al teatro. 6. Disculpa, pero es que tengo miedo a los perros.

8 1. He estado, estaba, Era, era, era; 2. es, Es, está, Es, era; 3. estaban, eran; 4. es, Es, está, está

9 b 1. El Teide es un cono volcánico. 2. Es la montaña más alta de España. 3. No es el único. 4. Es el tercer volcán más grande del mundo.

Unidad 5 ¿A qué te dedicas?

1 verticales: pantalla, impresora, ratón, tableta, teclado; horizontales: portátil, escáner, lector

2 1–c; 2–b; 3–a; 4–d; 5–f; 6–e

3 a–4; d–3; c–5; e–2; b–1

4 1. prácticas; 2. idioma materno; 3. Administración de empresas; 4. factura

5 Son incorrectas: Correo electrónico: para, para, para, por, por, para; sms: por, para, por

6 1. mucho; 2. mucha; 3. muy; 4. muy, muchos, mucho; 5. mucho; 6. mucho; 7. mucho; 8. mucho

7 fue; pasó; llegué; sonó; había; tuve; llegué; hice; funcionaba; sabía; Llamé; estaba; bajé; volví; estaba; vino; encendió; funcionaba; me senté; preguntó; podía; terminé; funcionaba; pude; me senté; cogí; me olvidé

8 1. por, para; 2. por, para; 3. para; 4. para, por; 5. por, para; 6. para, para, por

9 1. Gracias por la invitación. 2. Paso por París. 3. ¿Es el vuelo para Lima? 4. Me he comprado un ordenador por 600 euros. 5. Esto es para ti.

10 1. ¿Qué hace/s? ¿Dónde trabaja/s? 2. ¿Trabaja/s en una empresa grande? 3. ¿Desde cuándo trabaja/s ahí? 4. ¿Le/ Te gusta tu trabajo? 5. ¿Trabaja/s solo en la oficina?

11a 1. La canciller alemana. 2. Es Rosalía Mera. 3. Confecciones Goa. 4. Inditex. 5. A causas humanitarias.

Unidad 6 Ser feliz, pero, ¿cómo?

1 1. felicidad; 2. para mí; 3. veinte años; 4. acuerdo; 5. en el sofá

2 1. de; 2. en, del; 3. para, a; 4. de, con; 5. a, a; 6. para; 7. con, sin; 8. sin; 9. en; 10. en

3 **Zustimmen:** Está bien. Tienes razón. Estoy de acuerdo.; **Widersprechen:** No estoy de acuerdo. ¡Eso es imposible! No me parece bien. **Zweifeln:** Es verdad, pero …; Bueno, pero creo que …; no sé, es que …

4 1–b; 2–a; 3–c; 4–e; 5–d; 6–f

5 1. podría; 2. seríamos; 3. dirían; 4. querríamos; 5. habría; 6. estaríamos; 7. estaríamos; 8. compraría; 9. sentiría; solución: podríamos

6 1. pensaría; gustaría; 2. informaría; 3. Leería; 4. preguntaría; 5. sacaría; 6. pasaría, olvidaría

7 1. ¿Podría ayudarme? 2. Yo en tu lugar tomaría un taxi. 3. Yo que tú ordenaría la cocina todos los días. 4. ¡Yo que tú me compraría ese coche!

8 1. ¿Y tú qué piensas? 2. Y tú, ¿qué harías? 3. Y usted, ¿qué haría? 4. Yo en tu lugar / Yo que tú / Yo, en ese caso, iría a la policía. 5. ¡No sé qué hacer! 6. No me parece bien.

9 1. Petición; 2. Propuesta; 3. Reproche; 4. Deseo; 5. Reproche; 6. Deseo; 7. Petición; 8. Propuesta

10 a) 3, 4, 2, 1; b) 3, 2, 4, 1, 5; c) 4, 3, 1, 2; d) 3, 1, 7, 4, 5, 2, 6

12b 1. Adrian White en 178 países. 2. El grado de satisfacción con la vida en general. 3. Dinamarca. 4. En el lugar 35.

Unidad 7 Nuevos horizontes

1 1. emigración; 2. país; 3. difícil; 4. cartera; 5. comercial; 6. foro; 7. investigación; 8. tolerante

3a 1–d; 2– a; 3–c; 4–e; 5–b; 6–g; 7–i; 8–f; 9–h; 10–j

3b 1. de repente; 2. poco a poco; 3. A que no sabes, incluso; 4. al igual que

4 1. Me he cambiado de país. 2. Alguien ha tocado a la puerta. 3. ¿Cuál es tu país de procedencia? 4. Esta es mi emisora de radio preferida. 5. ¿Qué peculiaridades tiene el Espanglish? 6. El número de hispanohablantes en EE.UU. va en aumento.

5 1. Mientras Sandra vivía en Cartagena, Raúl vivía en Uruguay. 2. Durante mucho tiempo quedaron en contacto. 3. Durante las vacaciones visitaban a su familia. 4. Mientras Sandra pasaba las vacaciones en Cartagena, Raúl visitaba a su familia. 5. Durante mucho tiempo Sandra y Raúl vivieron fuera de su país.

6 1. Durante; 2. durante; 3. Durante; 4. Mientras; 5. Mientras

7a 1. Luis está viendo la tele. 2. Laura está paseando al perro. 3. Elena y Sofía están corriendo por el parque. 4. Carlos está trabajando. 5. Mis padres están durmiendo profundamente. 6. Azucena está tomando un café y leyendo el periódico.

7b 1. Luis estaba viendo la tele. 2. Laura estaba paseando al perro. 3. Elena y Sofía estaban corriendo por el parque. 4. Carlos estaba trabajando. 5. Mis padres estaban durmiendo profundamente. 6. Azucena estaba tomando un café y leyendo el periódico.

8 1. Estaba, había, hacía; 2. Eran, estaba, estaba; 3. Estaba, había, llevaban

9 1. Yo estaba leyendo cuando sonó el teléfono. 2. Vosotras estabais durmiendo cuando llegué a casa. 3. Estábamos comprando las entradas cuando llegaste. 4. Luisa estaba bailando cuando conoció a Jorge. 5. Estabas saliendo de casa cuando te caíste.

10 1. fui, me encontré; 2. tomaba, robaron; 3. emigraron; 4. Pasamos; 5. iba; 6. se fueron; 7. pasó; 8. llovió, salió

11 1–b; 2–b; 3–b; 4–b; 5–b; 6–b

12b 1. Ingenieros; 2. Wiesbaden; 3. 3.000 euros; 4. Conocimientos informáticos en el programa CATIA, en diseño de vehículos o mecánica y en aviación, ingeniería eléctrica y construcción. 5. A salarios atractivos y perspectivas de futuro. 6. 3.500 euros.

Unidad 8 ¡Últimas noticias!

1 1. El vino es italiano. 2. El periódico es estadounidense. 3. Los bombones son belgas. 4. El aceite es griego. 5. Las naranjas son españolas. 6. El queso es francés. 7. El coche es alemán. 8. La pasta es italiana. 9. La película es mexicana. 10. El tango es argentino. 11. El móvil es finlandés.

2 1. sistema solar; 2. conservador; 3.ladrón; 4. zapatos

3 1. premios; 2. gobierno; impuestos; 3.cumbre; 4. copia; 5. empleos; 6.pasión; 7.compañía de baile; 8. director

4 1. No he vivido la guerra. 2. En la tele ponen mucha telebasura. 3. A veces es difícil diferenciar entre noticia y manipulación. 4. Hoy en día todos quieren ser estrellas.

5 1. salió, se había dormido; 2. regresaron, había robado; 3. había comido, llamó; 4. había probado

6 tuve; era; organizaba; hice; tenía; era; era; conocía; eran; habían pasado; hicieron; probaron; hicieron; se divirtieron; ayudó; llegó; fuimos; necesitábamos; era; estaban; Empezamos; vinieron; estaban; estaba; llegaron; estaba; abrió; cantamos; podía; fue; sacó; tocó; bailamos; desayunamos; fue

7 1. Antes de; 2. después de; 3. después de; 4. antes de; 5. antes de; 6. después de

8 1–b; 2–a; 3–d; 4–c; 5–e

9 1. Los periódicos informan mejor que otros medios de comunicación. 2. Estoy abonado a un periódico. 3. Yo leo diferentes periódicos en internet todos los días. 4. Me interesa mucho la política. También veo las noticias todos los días.

10 b 1. verdadero; 2. verdadero; 3. verdadero; 4. falso

Unidad 9 A su gusto

1 1–c; 2–d; 3–e; 4–a; 5–b

2 1. sonido; 2. cereales; 3.mermelada

3 En la mesa hay tres platos, dos vasos, tres copas de vino, dos cucharas, tres tenedores, tres cuchillos y cuatro servilletas. En la mesa falta un plato, dos vasos, una copa de vino, dos cucharas, un tenedor y un cuchillo.

4 1–c; 2–a; 3–e; 4–f; 5–b; 6–d

5 1. lo; 2.le, le; 3. lo; 4. les; 5. le; 6. las; 7. la; 8. lo

6 2. El tenedor lo ha puesto a la derecha del plato. Lo tiene que poner a la izquierda del plato, a la derecha de la cuchara. 3. El cuchillo lo ha puesto detrás del plato. Lo tiene que poner a la derecha. 4. La copa la ha puesto a la izquierda de la cuchara. La tiene que poner detrás del plato, al lado del vaso. 5. La servilleta la ha puesto debajo del plato. La tiene que poner a la derecha, debajo del cuchillo. 6. El vaso no lo ha puesto. Lo tiene que poner detrás del plato, al lado de la copa.

7 a 1. le; 2.nos; 3. les; 4. le; 5. les; 6.te; 7. le

7 b 1. Miguel se lo da. 2. Eugenia nos la prepara. 3. Javi, Álvaro y yo se lo queremos regalar. 4. Marina se la compró. 5. Celia se lo dijo. 6. Alicia te la trajo. 7. El camarero se lo recomendó.

8 1. se las; 2. me lo; 3. nos lo; 4. se la; 5. os lo; 6. se lo

9 **Vorschlag:** La sopa está fría. Las tapas están calientes. Los calamares están quemados. Los espárragos están picantes. Las patatas están sosas. La dorada está cruda. El estofado está horrible. La camarera está cansada. El coche está estropeado.

10 + ¡Hola! ¿Qué tal? Qué te apetece hacer esta noche? – Me gustaría ir a cenar, pues hoy no he comido a mediodía. Pero no como carne. + Yo como de todo. ¿Comes pescado? – No, soy alérgico al pescado. ¿Qué te parece si vamos a un restaurante vegetariano? + Me parece bien. Nunca he comido en un restaurante vegetariano. – ¿Tienen una mesa libre para dos personas? + Para mí, de primero, gazpacho y de segundo, dorada a la plancha. Para mi amigo, una sopa de verdura y empanadillas vegetales, y para beber, una botella de vino. – La sopa está muy fría. + El gazpacho está muy salado, pero el vino está bueno. – Sí, tienes razón. + Camarero, la cuenta, por favor.

11 1. Buenos días. ¿Qué me recomienda hoy? 2. ¿A cuánto está el melón? 3. ¿Cocina todos los días? 4. Yo como de todo. 5. La verdura es de la región. 6. No tengo tiempo de / para cocinar.

12 1–a; 2–a; 3–b; 4–b; 5–a; 6–b

13 1. Hans y Marketta Schilling. 2. De los bulldogs franceses que tenían los propietarios, a los que coloquialmente se les llama «bulli». 3. Ferrán Adriá. No solo es el cocinero principal, sino uno de los cocineros-chef más famosos de España y del mundo. 4. Solo se utilizan productos de máxima calidad y todos los productos tiene el mismo valor gastronómico independientemente de su precio.

Unidad 10 La meta es el camino.

1 1. ropa; 2. bañador; 3. sombrero; 4. cremas; 5. mapa; 6. libro; 7. portátil; 8. zapatos; 9. llave; Solución: pasaporte

2 1. llevar; 2. hacer; 3. irnos; 4. vacunarnos; 5. dejamos; 6. hemos renovado

3 1. bolígrafo; 2. monedero; 3. secador; 4. carnet de conducir; 5. pastilla

4 1–b; 2–c; 3–d; 4–a

5 1. Cierra; 2. Date; 3. ayuda; 4. toma

6 a 1. ten; 2. ponte; 3. vengan; 4. leed; 5. llame; 6. salga; 7. dejad; 8. vengan

6 b 1. dile; 2. infórmale; 3. dame; 4. escríbanos; 5. escríbeme; 6. tradúzcame

7 traducir, *übersetzen*, traduzca, traduce; preguntar, *fragen*, pregunte, pregunta; mirar, *sehen*, mire, mira; leer, *lesen*, lea, lee; escuchar, *hören*, escuche, escucha; escribir, *schreiben*, escriba, escribe; contestar, *antworten*, conteste, contesta; completar, *ausfüllen*, complete, completa; buscar, *suchen*, busque, busca; decir, *sagen*, diga, di; oír, *hören*, oiga, oye

8 1. tranquilamente; 2. totalmente; 3. rápidamente; 4. fácilmente; 5. prácticamente; 6. estupendamente; 7. locamente; 8. cómodamente

9 formas incorrectas: 1. sale; 2. coges; 3. compres; 4. llámema; 5. pasan; 6. deje

10 1–b; 2–a 3–e; 4–c; 5–f; 6–d

11 1. ¿A dónde le/te gusta viajar? / ¿Dónde le/te gusta pasar sus tus vacaciones? 2. ¿Con qué medio de transporte prefiere/prefieres viajar? 3. ¿Prefiere/Prefieres viajar solo/-a o acompañado/-a? 4. ¿Prefiere/Prefieres viajar al mar o a la montaña 5. ¿Existe un país al que nunca viajaría /viajarías?

12 1–b; 2–c; 3–d; 4–e; 5–f; 6–g; 7–h; 8–a

13 b 1. En Latinoamérica: de Lima a Chile. 2. Cuesta entre 2.100 y 8.500 euros. La fianza cuesta 2.000. 3. 4.900 metros sobre el nivel del mar. 4. Se necesitan dos fotos por persona, la fotocopia del carnet de conducir, la fotocopia del pasaporte y los justificantes del pago de la inscripción y de vacunación contra la fiebre amarilla.

Unidad 11   La salud es lo primero

1 a corazón; 2. ojo; 3. pelo; 4. narices; 5. manos; 6. brazo; 7. boca; 8. oído

1 b 1–h; 2–d; 3–f; 4–e; 5–b; 6–c; 7–g; 8–a

2 1–d; 2–f; 3–a; 4–c; 5–e; 6–b

4 No te levantes un día sin saber qué hacer. No temas a tus recuerdos. Lucha por lo que quieres. No abandones todo por miedo. Convierte en realidad tus sueños. Busca la felicidad. Vive tu vida con actitud positiva. Piensa en que podemos ser mejores. Siente que este mundo sin ti no sería igual.

5 da; 2. digas; 3. ve; 4. den; 5. vaya; 6. di; 7. vengan; 8. haz; 9. hagan; 10. pon; 11. diga; 12. sal; 13. tengas; 14. ten; 15. salga; 16. ven; 17. ponga; 18. vayan

6 Deme la tarjeta. Dame la tarjeta. Venga por aquí. Ven por aquí. Espere aquí en la sala. Espera aquí en la sala. Pase. Pasa. Siéntese. Siéntate. Quítese la camiseta. Quítate la camiseta. Respire hondo. Respira hongo. Tome los medicamentos. Toma los medicamentos. Descanse el fin de semana. Descansa el fin de semana. Duerma mucho. Duerme mucho. No coma cosas grasas. No comas cosas grasas. Venga otra vez el martes. Ven otra vez el martes.

7 b 2. Pida un favor a un amigo. Pídaselo. No se lo pida. 3. Descubre la ciudad. Descúbrela. No la descubras. 4. Compren un regalo a su hermana. Cómprenselo. No se lo compren. 5. Lee una historia a los niños. Léesela. No se la leas. 6. Escriban una carta para una amiga. Escríbansela. No se la escriban. 7. Prepare una fiesta para los compañeros. Prepáresela. No se la prepare. 8. Venda el coche a su jefe. Véndaselo. No se lo venda. 9. Levántense temprano. No se levanten temprano.

8 1. comas; 2.os bañéis; 3. veáis; 4. enciendan; 5. salga; 6. llame; 7. mires

9 3, 1, 6, 2, 5, 4

10 3, 4, 2, 5, 1

11 1. He devuelto esta mañana. 2. Estoy estornudando todo el día. 3. Creo que tengo la tensión demasiado baja. 4. ¿Me tienen que operar? 5. Mi hija tiene apendicitis.

12 1. verdadero; 2. falso; 3. falso; 4. falso

Unidad 12   EmocionArte

2 1.indígenas; 2. cuadros; 3. beca; 4. obra; 5. capital; 6. exilio; 7. igualdad; 8. exposición; 9. luchar; 10. trasladarse

3 1. campesina; 2. vasija; 3. colina; 4. roca; 5. escalera; 6. volcán; 7. cesta; 8. iglesia

4 b 1. En primer plano hay unas flores amarillas y otras rosa. 2. En el fondo hay campos azules. 3. A la derecha hay una casa blanca. 4. A la izquierda hay unas flores y una casa rosa. 5. En la parte de arriba hay unas montañas y unas casas. 6. En la parte de abajo hay unas flores amarillas.

5 a 1. werden; 2. gerade etwas beendet haben; 3. aufhören mit; 4. zurückkehren; 5. anfangen; 6. müssen; 7. man muss; 8. etwas zu tun pflegen, gewöhnlich etwas tun

5 b 1. va a; 2. Acabo de; 3. dejado de; 4. Hay que; empezado a; 6. vuelto a; 7. suelo; 8. Tengo que

6 1. + Mi color favorito es el verde. ¿Y el tuyo? – El mío es el rojo; 2. + En nuestra casa tenemos muchos libros sobre arte. – En nuestra casa no. 3. + Nuestra pintora favorita es Remedios Varo. – La nuestra es Frida Kahlo. 6. Sus fotos son en blanco y negro. Las tuyas son en color, ¿verdad?

7 1. ¿De qué estilo es? 2. ¿Qué temas trata? 3. ¿Qué colores dominan? 4. ¿Qué cuadros le emocionan? 5. ¿Cómo es su cuadro preferido? 6. ¿Qué no le gusta nada?

8 a 1. Marisa está contenta. 2. Maria Jesús siente asco. 3. Julia está enfadada. 4. Sofía está triste. 5. Marta tiene miedo. 6. Teresa está feliz.

8 b 1. Marisa está contenta porque ha visto a Miguel. 2. Maria Jesús siente asco porque ha encontrado un pelo en la sopa. 3. Julia está enfadada porque ha perdido el autobús. 4. Sofía está triste porque ha cortado con su novio. 5. Marta tiene miedo porque está muy oscuro. 6. Marisa está feliz porque le han hecho un regalo.

10 b 1. falso; 2. verdadero; 3. falso

Unidad 13   ¡Muchas felicidades!

1 1. Nochevieja, uvas; 2. Navidad; 3. el carnaval, me disfrazo; 4. cumplen; 5. alejar; 6. ropa interior

2 paguemos; cojas; saque; lleguen; hayan; comunique; tengan; venga; conozca

3 conozca, conozcas, conozca, conozcamos, conozcáis, conozcan; tenga, tengas, tenga, tengamos, tengáis, tengan;

comunique, comuniques, comunique, comuniquemos, comuniquéis, comuniquen; haga, hagas, haga, hagamos, hagáis, hagan; salga, salgas, salga, salgamos, salgáis, salgan

4 2. Deseo que Dolores se case pronto con su novio. 3. Espero que este niño gane la copa. 4. Ojalá que la abuelita pueda pasar unas vacaciones en la playa con su marido.

5 1. por, a; 2. a; 3. de; 4. de; 5. por, en; 6. en; 7. con; 8. en; 9. por, en; 10. con

6 a veamos; sepan; estén; vayas; sea; sepamos; seáis; vayamos; estés; sepas

6 1. veamos; 2. sepan; 3. esté; 4. sea; 5. seáis; 6. vayas

7 a 1. ese CD; 2. a tu hermana; 3. tiempo; 4. la carta; 5. las fotos; 6. la bebida; 7. me; 8. la

7 b Ojalá que Jorge llame a su hermana. Espero que Mario escriba la carta a los Reyes Magos. Quiero que Miguel compre la bebida para la fiesta. Quiero que Sonia decore la sala con sus hermanos. Ojalá que mi madre venga pronto. Espero que Susana anime a Felipe para que venga a la fiesta.

8 1. estudie; 2. podamos; 3. compren; 4. duerma; 5. salga; 6. leas; 7. toque; 8. venga; 9. guste; 10. traiga

9 1. llegues; 2 traduzcas; 3. sepas; 4. tengáis; 5. vayáis; 6. termine; 7. haya; 8. tomemos

10 1. ¡Que te mejores! 2. ¡(Que tengas) Buen viaje! 3. ¡Feliz Año!

12 1. ¡A tu salud!; 2. Gracias. ¡Y a la tuya!; 3. ¿Tienes algún deseo para este año?; 4. Sí, muchos. Pero sobre todo salud para toda la (mi) familia. 5. Pues yo te deseo mucha suerte en tu nuevo puesto de trabajo. 6. Muchas gracias. Y yo a ti te deseo que por fin te toque la lotería para que puedas dar por fin la vuelta al mundo.

13 b 1. El solsticio de invierno. 2. La familia cena junta y se come generalmente pavo o pescado. 3. Se hacen inocentadas. 4. Porque reciben regalos. 5. El 6 de enero.

Unidad 14 Ferias y mercados

1 1.mercadillo, nuevas, usadas; 2. flores; 3. música, libros

2 1. velas; 2. taza; 3. abanico; 4. pulsera

3 1–a; 2–b; 3–a; 4–a; 5–a; 6–a; 7–a; 8–b

4 1. ganga; 2. valioso; 3. barato, caro; 4. hecho a mano; 5. segunda mano

5 1–c; 2–a; 3–d; 4–b

6 Busco un perro que me acompañe todos los días. Busco un libro que sea interesante. Busco una persona mayor que vaya conmigo los domingos al museo. Busco un joven que me haga las compras. Busco una persona que recoja a mis hijos del colegio. Busco muebles antiguos que estén bien conservados. Busco una persona que estudie conmigo chino.

7 1. sea, vaya, venda; 2. esté, sea, tenga; 3. quiera; 4. quiera, entienda, sepa, traiga, gusten, haga

8 1. entienda; 2. conozca; 3. durmamos; 4. pidan; 5. busques; 6. tengan; 7. busque; 8. traigáis; 9. podamos; 10. duermas

9 1. vas, voy; 2. vamos, vienes, ir; 3. vienes; 4. venir; 5. vas; 6. viene; 7. vienes

10 1. llevas; llevo; traerá/trae; 2. lleves, traerás

11 vengas; traigas; vayas; lleves; venga; traiga; venga; ir; llevarle; ir; traes; llevas; irte

12 1–c; 2–a; 3–d; 4–b

13 1. ¿Puedes traer unos cedés a la fiesta? 2. Hoy voy a casa de Pablo. Le llevo la compra pues él está enfermo y no puede salir de casa. 3. ¿Es nueva o de segunda mano? 4. He cambiado mi bici vieja por unos patines nuevos. 5. Me encanta la idea del mercado de tiempo. 6. ¿Sabías que los aztecas pagaban con granos de cacao?

14 b 1. verdadero; 2. falso; 3. falso; 4. verdadero

Unidad 15 Viaje al futuro

1 1. el pronóstico,; 2. la previsión; 3. el recurso; 4. la vacuna; 5. el sida; 6. la sequía; 7. la inundación; 8. afectar; 8. el futuro; 10. el avance.

2 1–f; 2–e; 3–b; 4–c; 5–d; 6–a

3 llegaré, llegará, llegará, llegaremos, llegaréis, llegarán, llegarán; comeré, comerás, comerá, comerá, comeremos, comeréis, comerán, comerán; dormiré, dormirás, dormirá, dormirá, dormiremos, dormiréis, dormirán, dormirán; diré, dirás, dirá, dirá, diremos, diréis, dirán, dirán; haré, harás, hará, hará, haremos, haréis, harán, harán; sabré, sabrás, sabrá, sabrá, sabremos, sabréis, sabrán, sabrán; pondré, pondrás, pondrá, pondrá, pondremos, pondréis, pondrán, pondrán

4 1. gastaremos; 2. podrá; 3. hacemos, habrá; 4. usamos, será; 5. tendremos; 6. viviremos, nacerán

5 1. hará, Estará; 2. pasará, Tendrá; 3. estará; 4. habrá, llegará, Habrá

6 1. Supongo que en 2013 seremos unos 10 millones de habitantes. 2. El cambio climático nos afectará a todos: las temperaturas subirán y lloverá menos. 3. He leído que habrá muchos conflictos a causa de la escasez de agua. 4. En el futuro habrá menos enfermedades gracias a los avances en la medicina.

8 1–c; 2–a; 3–b; 4–d